FRANK Weber

AF138682

Weihnachtslieder

100 Liedertexte der schönsten Weihnachtslieder

Für Katrin

Frank Weber

Weihnachtslieder

100 Liedertexte der schönsten Weihnachtslieder

Liederbücher für die Westentasche

3. Auflage
Bibliographische Information der Deutschen Nationalbibliothek
Die Deutsche Nationalbibliothek verzeichnet diese Publikation in
der Deutschen Nationalbibliographie,
detaillierte bibliographische Daten sind im Internet
über http://dnd.d-nb.de abrufbar

Herstellung und Verlag:
BoD Books on Demand,
Norderstedt

ISBN 9783732233755 (Taschenbuch)
ISBN 9783848292028 (Ebook)

Vorwort zur 3. Auflage

Herzlich willkommen in unserem Weihnachtsliederbuch.

Kennen Sie das? Alle Jahre wieder zur Weihnachtszeit dieselbe Prozedur. Da wird geputzt, gekocht, der Baum geschmückt. Mutti und Papa, Oma und Opa, Kinder und Gäste, alle haben sich fein gemacht.
Alle wollen nun miteinander Weihnachten feiern.
Dabei wird gegessen, getrunken, gelacht; dann werden Geschenke ausgetauscht. Und es sollen auch noch Lieder gesungen werden, am liebsten passende Lieder zur Weihnacht. Doch genau hier klemmt's dann.

Nach der ersten Strophe war's das dann oft auch schon wieder mit Singen. Es wäre ja schön, wenn man auch noch den Text der folgenden Strophen kennen würde und weitersingen könnte.
Aber außer einem schüchternen „mhm hm" oder ein wenig „lalala" kommt nichts mehr. Die Melodien zur Weihnacht kennen wir ja zum Glück alle ganz genau.
Nur halt der Text, der Text ...

Das vorliegende Büchlein enthält 100 Liedertexte von bekannten und weniger bekannten Weihnachts-liedern; von Kirchenliedern, Liedern zum Advent und zum Nikolaus, Lieder zur Weihnacht und auch ein bischen was Internationales.

Allen Sängerinnen und Sängern seien frohe Fest- und Feiertage sowie allezeit fröhliches und erbauliches Singen gewünscht.

Marburg, im Mai 2014   Frank Weber

Inhaltsverzeichnis:

Seite:

Inhaltsverzeichnis: 7

Ein Gedicht: Von draus vom Walde ... 9

1. Aber Heidschi Bumbeidschi 10
2. Adeste fideles 11
3. Advent, Advent, ein Lichtlein brennt 12
4. Alle Jahre wieder 13
5. Allein Gott in der Höh' sei Ehr' 14
6. Als ich bei meinen Schafen wacht' 15
7. Am Weihnachtsbaume 16
8. Auf dem Berge da wehet der Wind 17
9. Bald ist nun Weihnachtszeit 18
10. Der Christbaum ist der schönste Bau 19
11. Der Heiland ist geboren 20
12. Der Tag, der ist so freudenreich 21
13. Der Winter ist ein rechter Mann 22
14. Die Nacht ist vorgedrungen 23
15. Drei Kön'ge wandern aus Morgenlan 24
16. Du lieber frommer heilger Christ 25
17. Eine Muh, eine Mäh 26
18. Engel haben Liebeslieder 27
19. Erfreue dich, Himmel, erfreue dich, Erde 28
20. Ermuntre dich, mein schwacher Geist 29
21. Es ist ein Ros entsprungen 30
22. Es kommt ein Schiff geladen 31
23. Es wird scho glei dumpa 32
24. Freu dich Erd und Sternenzelt 33
25. Fröhlich soll mein Herze springen 34
26. Fröhliche Weihnacht überall 35
27. Heil'ge Nacht, oh gieße du 36
28. Heiligste Nacht 37
29. Herbei o ihr Gläubigen 38
30. Hört der Engel helle Lieder 39
31. Ich danke Gott und freue mich 40
32. Ich lag und schlief, da träumte mir 41
33. Ich steh an deiner Krippen hier 42
34. Ihr Hirten erwacht 43

35.	Ihr Kinderlein kommet	44
36.	Ihr lieben Christen freut euch nun	45
37.	In dulci jubilo	46
38.	Inmitten der Nacht	47
39.	Jauchzet, ihr Himmel, frohlocket	48
40.	Joseph, lieber Joseph mein	49
41.	Kling Glöckchen, klingelingeling	50
42.	Kommet, Ihr Hirten	51
43.	Kommt Kinder, lasst uns gehen	52
44.	Kommt und lasst uns Christus ehren	53
45.	Lasst uns froh und munter sein	54
46.	Leise rieselt der Schnee	55
47.	Lieb Nachtigall, wach auf	56
48.	Lobt Gott, ihr Christen, alle gleich	57
49.	Macht hoch die Tür	58
50.	Maria durch ein Dornwald ging	59
51.	Mariä Wiegenlied	60
52.	Mit Ernst, o Menschenkinder	61
53.	Morgen, Kinder, wird's was geben	62
54.	Morgen kommt der Weihnachtsmann	63
55.	Niklaus komm in unser Haus	64
56.	Nun singet und seid froh	65
57.	O du fröhliche	66
58.	O Freude über Freude	67
59.	O Heiland reiß die Himmel auf	68
60.	O Jesulein zart	69
61.	O laufet ihr Hirten	70
62.	O selige Nacht	71
63.	O Tannenbaum	72
64.	Schlaf wohl, o Hirtenknabe, du	73
65.	Schneeflöckchen	74
66.	Still, still, still, weil's Kindlein schlafen will	75
67.	Stille Nacht, Heilige Nacht	76
68.	Süßer die Glocken nie klingen	77
69.	Tochter Zion, freu dich	78
70.	Vom Himmel hoch da komm ich her	79
71.	Vom Himmel hoch o Englein kommt	80
72.	Vom Himmel kam der Engel Schar	81
73.	Von guten Mächten	82

74.	Was soll das bedeuten	83
75.	Wenn Weihnachten ist	84
76.	Wer klopfet an	85
77.	Wie schön leuchtet der Morgenstern	87
78.	Wie soll ich dich empfangen	88
79.	Wir sagen euch an den lieben Advent	89
80.	Wisst ihr noch, wie es geschehen	90
81.	Zu Bethlehem geboren	91
82.	Away in a manger	92
83.	Caroling caroling	93
84.	Go, tell it on the mountain	94
85.	Hark the herald angels sing	95
86.	Have yourself a merry little christmas	96
87.	It came upon a midnight clear	97
88.	Jingle bells	98
89.	Joy to the world	99
90.	Little drummer boy	100
91.	Mary's boy child	101
92.	O holy night	102
93.	O little town of bethlehem	103
94.	Rudolph, the rednosed reindeer	104
95.	The christmas song	105
96.	The first noel	106
97.	We wish you a merry christmas	107
98.	What child is this	108
99.	White Christmas	109
100.	Winter wonderland	110

Das Gedicht vom Knecht Ruprecht

Von draußen, vom Walde komm ich her;
ich muß euch sagen, es weihnachtet sehr!
Überall auf den Tannenspitzen
sah ich goldene Lichtlein blitzen,
und droben aus dem Himmelstor
sah mit großen Augen das Christkind hervor.
Und wie ich strolch' durch des finstern Tann,
da rief's mich mit heller Stimme an:
"Knecht Ruprecht", rief es, "alter Gesell',
heb deine Beine und spute dich schnell!
Die Kerzen fangen zu brennen an,
das Himmelstor ist aufgetan.
Alt und jung sollen nun
von der Jagd des Lebens einmal ruhn,
und morgen flieg ich hinab zur Erden;
denn es soll wieder Weihnachten werden!"
Ich sprach: "Oh lieber Herre Christ,
meine Reise fast zu Ende ist.
Ich soll nur noch in diese Stadt,
wo's eitel gute Kinder hat."
"Hast denn das Säcklein auch bei dir?"
Ich sprach: "Das Säcklein, das ist hier;
denn Äpfel, Nuß und Mandelkern
essen fromme Kinder gern."
"Hast denn die Rute auch bei dir?"
Ich sprach: "Die Rute, die ist hier;
doch für die Kinder nur, die schlechten,
die trifft sie auf den Teil den rechten!"
Christkindlein sprach: "So ist es recht;
so geh mit Gott, mein treuer Knecht!"
Von draußen, vom Walde komm ich her;
ich muß euch sagen, es weihnachtet sehr!
Nun sprecht, wie ich's hier innen find!
Sind's gute Kind, sind's böse Kind?

1. Aber Heidschi Bumbeidschi

Aber Heidschi Bumbeidschi schlaf süße,
die Engelein lassen dich grüßen,
sie lassen dich grüßen und lassen dich frag'n,
ob du nicht im Himmel spazieren willst fahr'n.
aber Heidschi Bumbeidschi bum bum,
aber Heidschi Bumbeidschi bum bum.

Aber Heidschi Bumbeidschi im Himmel
da fährt dich ein schneeweißer Schimmel,
Drauf sitzt ein klein's Engel mit einer Latern',
Drein leuchtet vom Himmel der schönste der
Stern'.
Aber Heidschi Bumbeidschi bum bum,
Aber Heidschi Bumbeidschi bum bum.

Und der Heidschi Bumbeidschi is kommen,
Und hat mein klein's Büble mitg'nommen,
Er hat's mitgenommen und hat's nimmer bracht,
Drum wünsch ich mein'm Büble a recht gute Nacht.
Aber Heidschi Bumbeidschi bum bum,
Aber Heidschi Bumbeidschi bum bum.

2. Adeste fideles

Adeste fideles laeti triumphantes,
Venite, venite in Bethlehem.
Natum videte Regem angelorum.
Venite adoremus, venite ad oremus
Dominum.

Deum de Deo, lumen de lumine,
Gestant puellae viscera.
Deum verum, genitum non factum.
Venite adoremus, venite ad oremus
Dominum.

Cantet nunc 'Io', chorus angelorum;
Cantet nunc aula caelestium,
Gloria! Soli Deo Gloria!
Venite adoremus, venite ad oremus
Dominum.

Ergo qui natus die hodierna.
Jesu, tibi sit gloria,
Patris aeterni Verbum caro factum.
Venite adoremus, venite adoremu
Dominum.

3. Advent, Advent, ein Lichtlein brennt

Advent Advent
ein Lichtlein brennt
erst eins dann zwei
dann drei dann vier
dann steht das Christkind vor der Tür

und wenn die fünfte Kerze pennt
dann hast du Weihnachten verpennt

4. Alle Jahre wieder

Alle Jahre wieder,
kommt das Christuskind
auf die Erde nieder,
wo wir Menschen sind.

Kehrt mit seinem Segen
ein in jedes Haus.
geht auf allen Wegen
mit uns ein und aus.

Ist auch mir zur Seite
still und unerkannt,
dass es treu mich leite
an der lieben Hand.

Aus dem Himmel ferne
Wo die Englein sind
Schaut doch Gott so gerne
Her auf jedes Kind)

T.: Wilhelm Hey 1789-1854 / M.: Friedrich Silcher 1789-1860

5. Allein Gott in der Höh' sei Ehr'

Allein Gott in der Höh' sei Ehr'
Und Dank für seine Gnade,
Darum dass nun und nimmermehr
Uns rühren kann kein Schade.
Ein Wohlgefall'n Gott an uns hat,
Nun ist groß' Fried' ohn' Unterlaß,
All' Fehd' hat nun ein Ende.

Wir loben, preis'n, anbeten dich
Für deine Ehr'; wir danken,
Dass du, Gott Vater ewiglich
Regierst ohn' alles Wanken.
Ganz ungemeß'n ist deine Macht,
Fort g'schieht, was dein Will' hat bedacht;
Wohl uns des feinen Herren!

O Jesu Christ, Sohn eingebor'n
Deines himmlischen Vaters,
Versöhner der'r, die war'n verlor'n,
Du Stiller unsers Haders,
Lamm Gottes, heil'ger Herr und Gott,
Nimm an die Bitt' von unsrer Not,
Erbarm' dich unser aller!

O Heil'ger Geist, du höchstes Gut,
Du allerheilsamst' Tröster,
Vor's Teufels G'walt fortan behüt',
Die Jesus Christ erlöset
Durch große Mart'r und bittern Tod,
Abwend all unsern Jamm'r und Not!
Darauf wir uns verlassen.

T / M: Nikolaus Decius 1525/1539

6. Als ich bei meinen Schafen wacht

1. Als ich bei meinen Schafen wacht
Ein Engel mir die Botschaft bracht.
Des bin ich froh, bin ich froh, Froh, froh, froh, o, o, o!
Benedicamus Domino. Benedicamus Domino.

2. Er sagt', es soll geboren sein
Zu Bethlehem ein Kindelein.
Des bin ich froh, bin ich froh, Froh, froh, froh, o, o, o!
Benedicamus Domino. Benedicamus Domino.

3. Er sagt, das Kind läg da im Stall
Und soll die Welt erlösen all. Des bin ich ...

4. Als ich das Kind im Stall gesehn
Nicht wohl konnt ich von dannen gehn. Des bin ich froh..

5. Das Kind zu mir sein' Äuglein wandt,
Mein Herz gab ich in seine Hand. Des bin ich froh, ...

6. Demütig küsst' ich seine Fuß',
Davon mein Mund ward zuckersüß. Des bin ich froh, ...

7. Als ich heimging, das Kind wollt' mit
Und wollt' von mir abweichen nit. Des bin ich froh, ...

8. Das Kind legt' sich an meine Brust
Und macht' mir da all' Herzenslust. Des bin ich froh, ...

9. Den Schatz muss ich bewahren wohl,
So bleibt mein Herz der Freuden voll. Des bin ich froh...

T. / M.: Weihnachtslied, Kölner Gesangbuch 1623

7. Am Weihnachtsbaume

Am Weihnachtsbaume die Lichter brennen,
wie glänzt er festlich, lieb und mild,
als spräch' er: "Wollet in mir erkennen
Getreuer Hoffnung stilles Bild."

Die Kinder stehn mit hellen Blicken,
das Auge lacht, es lacht das Herz,
o fröhlich, seliges Entzücken,
die Alten schauen himmelwärts.

Zwei Engel sind hereingetreten,
kein Auge hat sie kommen sehn,
sie gehn zum Weihnachtsbaum und beten
und wenden wieder sich und gehn.

"Gesegnet seid ihr alten Leute,
gesegnet sei du kleine Schar !
Wir bringen Gottes Gaben heute
dem braunen wie dem weißen Haar !"

"Zu guten Menschen, die sich lieben,
schickt uns der Herr als Boten aus,
und seid ihr treu und fromm geblieben,
wir treten wieder in dies Haus!"

Kein Ohr hat ihren Spruch vernommen
unsichtbar jedes Menschen Blick
sind sie gegangen wie gekommen,
doch Gottes Segen bleibt zurück.

Text: Hermann Kletke 1841

8. Auf dem Berge da wehet der Wind

Auf dem Berge da wehet der Wind,

Da wiegt die Maria ihr Kind,

Sie wiegt es mit ihrer schneeweißen Hand

Sie hat dazu kein Wiegenband.

Ach Josef, lieber Josef mein,

Ach, hilf mir doch wiegen mein Kindelein.

Wie soll ich dir denn dein Kindlein wieg'n?

Ich kann ja kaum selber die Finger bieg'n.

Schum, schei, schum, schei.

T.: Christoph August Tiedtke 1804
M.: Schleßien u. Oberhessen 1840

9. Bald ist nun Weihnachtszeit

Bald ist nun Weihnachtszeit, fröhliche Zeit!

|:Jetzt ist der Weihnachtsmann

gar nicht mehr weit.:|

Horch nur, der Alte klopft draußen ans Tor,

|: Mit seinem Schimmel, so steht er davor. :|

Leg' ich dem Schimmelchen Heu vor das Haus,

|:Packt gleich der Ruprecht den großen Sack aus.:|

Pfeffernüß', Äpfelchen, Mandeln, Korinth';

|: Alles das schenkt er dem artigen Kind. :|

T.: Carola Wilke / M.: Wolfgang Stumme

10. Der Christbaum ist der schönste Baum

Der Christbaum ist der schönste Baum,
den wir auf Erden kennen;
im Garten klein, im engsten Raum,
wie lieblich blüht der Wunderbaum,
|: wenn seine Lichter brennen, :|
ja brennen.

Denn sieh': in dieser Wundernacht
ist einst der Herr geboren,
der Heiland, der uns selig macht;
hätt' er den Himmel nicht gebracht,
|: wär alle Welt verloren, :|
verloren.

Doch nun ist Freud und Seligkeit,
ist jede Nacht voll Kerzen.
Auch dir, mein Kind, ist das bereit't,
dein Jesus schenkt dir alles heut,
|: gern wohnt er dir im Herzen, :|
im Herzen.

O lass ihn ein, es ist kein Traum!
Er wählt dein Herz zum Garten,
will pflanzen in den engen Raum
den allerschönsten Wunderbaum
|: und seiner treulich warten, :|
ja warten.

T.: Johannes Karl 1842 / M.: Johannes Eisenbach 1842

11. Der Heiland ist geboren

Der Heiland ist geboren,
freu dich, o Christenheit,
sonst wär'n wir gar verloren
in alle Ewigkeit.
Freut euch von Herzen, ihr Christen all',
kommt her zum Kindlein in den Stall,
freut euch von Herzen, ihr Christen all',
kommt her zum Kindlein in dem Stall.

Ein Kindlein auserkoren,
freu dich, du Christenheit!
Sonst wär'n wir gar verloren
in alle Ewigkeit!
Freut euch von Herzen ...

Die Engel lieblich singen,
freu dich, du Christenheit;
tun gute Botschaft bringen,
verkündigen große Freud'!
Freut euch von Herzen ...

Der Gnadenbrunn tut fließen,
freu dich, du Christenheit!
Tut all' das Kindlein grüßen!
Kommt her zu ihm mit Freud'!
Freut euch von Herzen ...

T. / M.: aus Innsbruck 1881/1883

12. Der Tag, der ist so freudenreich

Der Tag, der ist so freudenreich aller Kreature;
denn Gottes Sohn vom Himmelreich über die Nature
von einer Jungfrau ist geborn,
Maria, du bist auserkorn, daß du Mutter wärest.
Was geschah so wundergleich?
Gottes Sohn vom Himmelreich, der ist Mensch geboren.

Ein Kindelein so löbelich ist uns geboren heute
von einer Jungfrau säuberlich, zu Trost uns armen Leuten.
War uns das Kindlein nicht geborn,
so warn wir allzumal verlorn; das Heil ist unser aller.
Ei du süßer Jesu Christ, daß du Mensch geboren bist!
Behüt uns vor der Hölle.

Groß Wunderding sich bald begab,
wie uns die Schrift tut melden:
Ein Engel kam vom Himmel herab
zu'n Hirten auf das Felde.
Ein großes Licht sie da umfing,
der Engel Gottes zu ihn' ging, verkündt ihn' neue Märe,
daß zu Bethlehem in der Stadt
ein Jungfrau den geboren hat, der aller Heiland wäre.

Die Hirten wurden freudenvoll, da sie den Trost empfingen;
ein jeder das Kind sehen wollt, gen Bethlehem sie gingen.
In einer Kripp, gewickelt ein,
da fanden sie das Kindelein, wie ihn' der Engel saget;
sie fielen nieder all zugleich
und lobten Gott vom Himmelreich,
der sie so hätt begnadet.

Dem sollen wir auch danken schon
um seine großen Gaben,
die wir sein' allerliebsten Sohn von ihm empfangen haben
in eines kleinen Kinds Gestalt,
der doch regiert mit aller Gwalt im Himmel und auf Erden.
Dem sei Lob, Ehr und Preis bereit' samt Heilgem Geist in
Ewigkeit von allen Kreaturen.

T. / M.: Kirchenlied, 15. JH

13. Der Winter ist ein rechter Mann

Der Winter ist ein rechter Mann,
Kernfest und auf die Dauer;
Sein Fleisch fühlt sich wie Eisen an,
Und scheut nicht süß noch sauer.

War je ein Mann gesund wie er?
Er krankt und kränkelt nimmer,
Er trotzt der Kälte wie ein Bär
und schläft im kalten Zimmer.

Er zieht sein Hemd im freien an
und läßt´s vorher nicht wärmen
und spottet über Fluß im Zahn
und Grimmen in Gedärmen.

Aus Blumen und aus Vogelsang
weiß er sich nichts zu machen,
Haßt warmen Drang und warmen Klang
und alle warmen Sachen.

Doch wenn die Füchse bellen sehr,
wenn´s Holz im Ofen knittert,
und um den Ofen Knecht und Herr
die Hände reibt und zittert;

Da ist er denn bald dort, bald hier;
gut Regiment zu führen;
und wenn er durchzieht, stehen wir
und sehn ihn an und frieren

Wenn Stein und Bein vor Frost zerbricht
und Teich und Seen krachen:
Das klingt ihm gut, das haßt er nicht,
dann will er tot sich lachen.-

Sein Schloß von Eis liegt ganz hinaus
Beim Nordpol an dem Strande;
Doch hat er auch ein Sommerhaus
im lieben Schweizerlande.

T.: MatthiasClaudius / M.: Johann Friedrich Reichhard 18. JH

14. Die Nacht ist vorgedrungen

Die Nacht ist vorgedrungen,
der Tag ist nicht mehr fern.
So sei nun Lob gesungen
dem hellen Morgenstern!
Auch wer zur Nacht geweinet,
der stimme froh mit ein.
Der Morgenstern bescheinet
auch deine Angst und Pein.

Dem alle Engel dienen,
wird nun ein Kind und Knecht.
Gott selber ist erschienen
zur Sühne für sein Recht.
Wer schuldig ist auf Erden,
verhüll nicht mehr sein Haupt.
Er soll errettet werden,
wenn er dem Kinde glaubt.

Noch manche Nacht wird fallen
auf Menschenleid und -schuld.
Doch wandert nun mit allen
der Stern der Gotteshuld.
Beglänzt von seinem Lichte,
hält euch kein Dunkel mehr.
Von Gottes Angesichte
kam euch die Rettung her.

T.: Jochen Klepper 1938 / M.: Johannes Petzold 1939

15. Drei Könge wandern aus Morgenland

Drei Kön´ge wandern aus Morgenland;
ein Sternlein führt sie zum Jordanstrand.
In Juda fragen und forschen die drei,
wo der neugeborene König sei.
Sie wollen Weihrauch, Myrrhen und Gold
dem Kinde spenden zum Opfersold.

Und hell erleuchtet glänzet des Sternes Schein,
zum Stalle gehen die Kön´ge ein;
das Knäblein schauen sie wonniglich,
anbetend neigen die Kön´ge sich;
sie bringen Weihrauch Myrrhen und Gold
zum Opfer dar dem Knäblein hold.

O Menschenkind, halte treulich Schritt!
die Kön´ge wandern, o wand´re mit!
Der Stern der Liebe, der Gnade Stern,
erhelle dein Ziel, so suchst du den Herrn;
und fehlen Weihrauch, Myrrhen und Gold:
schenke dein Herz dem Knäblein hold!
Schenk ihm dein Herz!

T. / M.: Peter Cornelius (1824 - 1874)
Begleitg: Wie schön leuchtet der Morgenstern,Philipp Nicolai 1599

16. Du lieber frommer heilger Christ

Du lieber, heil'ger, frommer Christ,
der für uns Kinder kommen ist,
damit wir sollen weis' uns rein
und rechte Kinder Gottes sein.

Du Licht, vom lieben Gott gesandt
in unser dunkles Erdenland
du Himmelskind und Himmelsschein,
damit wir sollen himmlisch sein.

Du lieber, heil'ger, frommer Christ,
weil heute dein Geburtstag ist,
drum ist auf erden weit und breit
bei allen Kindern frohe Zeit

O segne mich! Ich bin noch klein,
o mache mir das Herze rein!
O bade mir die Seele hell
in deinem reichen Himmelsquell!

Dass ich wie Engel Gottes sei,
in Demut und in Liebe treu,
dass ich dein bleibe für und für,
du heil'ger Christ, das schenk mir!

T.: Ernst Moritz Arndt 1818 / M.: Gottlob Siegert 1822

17. Eine Muh, eine Mäh

Wenn der Weihnachtsbaum uns lacht
Wenn die Glocke bim-bam macht
Kommt auf leisen Sohlen
Ruprecht an verstohlen
Zieht mit vollen Säcken ein
Bringt uns Bäcker-Leckerei´n
Und packt unter Lachen
Aus die schönsten Sachen
Außer Kuchenzeug bringt noch der Gute euch

Eine Muh, eine Mäh, eine Täterätätä
Eine Tute, eine Rute
Eine Hop, hop, hop, hop
Eine Dideldadeldum
Eine Wau, wau, wau
Ratadschingderassabum

Wenn der Schnee zum Berg sich türmt
Wenn es draußen friert und stürmt
Um die Weihnachtslichter, fröhliche Gesichter
Alle Stuben blitzeblank
Denn es kommt mit Poltergang
Durch die Luft die kalte
Ruprecht an, der Alte
Außer Kuchenzeug bringt noch der Gute euch
Eine Muh, eine Mäh, ...

T.: Waldemar Alfredo 1914 / Wilhelm Lindemann 1914

18. Engel haben Liebeslieder

Engel haben Himmelslieder
auf den Feldern angestimmt
Echo hallt vom Berge wider,
dass es jedes Ohr vernimmt.
|:Gloria in excelsis Deo!:|

Hirten, was ist euch begegnet,
dass ihr so voll Jubel seid?
Gott hat euch die Welt gesegnet:
Christ erschien der Erdenzeit.
|:Gloria in excelsis Deo!:|

Er gibt allen Menschen Frieden,
die des guten Willens sind.
Freude wurde uns beschieden
durch ein neugebornes Kind.
|:Gloria in excelsis Deo!:|

19. Erfreue dich, Himmel, erfreue dich, Erden

Erfreue dich, Himmel,
erfreue dich, Erden,
erfreue sich alles,
was fröhlich kann, werden
Auf Erden hier unten,
im Himmel dort oben,
den gütigen Vater wollen wir loben.

Erd, Wasser, Luft, Feuer
und himmlische Flammen,
ihr Menschen und Engel,
stimmt alle zusammen!
Auf Erden hier unten,
im Himmel dort oben.
Das Kind in der Krippe
wollen wir loben.

T.: V.1 Straßb. 17.JH, V.2-5 Maria Luise Thurmair n. Ps.148, 1963
M.: Augsburg7Bamberg 17. JH

20. Ermuntre dich, mein schwacher Geist

Ermuntre dich, mein schwacher Geist, und trage groß Verlangen,
ein kleines Kind, das Vater heißt, mit Freuden zu empfangen
Dies ist die Nacht, darin es kam
und menschlich Wesen an sich nahm,
dadurch die Welt mit Treuen als seine Braut zu freien.

Willkommen, süßer Bräutigam, du König aller Ehren,
willkommen, Jesus, Gottes Lamm, ich will dein Lob vermehren,
ich will dir all mein Leben lang von Herzen sagen Preis und Dank,
dass du, da wir verloren, für uns bist Mensch geboren.

O Freudenzeit, o Wundernacht, dergleichen hie gefunden,
du hast den Heiland hergebracht, der alles überwunden,
du hast gebracht den starken Mann,
der Feur und Wolken zwingen kann,
vor dem die Himmel zittern und alle Berg erschüttern.

Brich an, du schönes Morgenlicht, und lass den Himmel tagen.
Du Hirtenvolk, erschrecke nicht, weil dir die Engel sagen,
dass dieses schwache Knäbelein
soll unser Trost und Freude sein, dazu den Satan zwingen
und letztlich Frieden bringen.

O liebes Kind, o süßer Knab, holdselig von Gebärden,
mein Bruder, den ich lieber hab als alle Schätz auf Erden;
komm, Schönster, in mein Herz hinein,
komm eilend, lass die Krippen sein,
komm, komm, ich will beizeiten dein Lager dir bereiten.

Lob, Preis und Dank, Herr Jesus Christ,
sei dir von mir gesungen,
dass du mein Bruder worden bist
und hast die Welt bezwungen;
hilf, dass ich deine Gütigkeit stets preis in dieser Gnadenzeit
und mög hernach dort oben in Ewigkeit dich loben.
T.: Johann Rist / M.: Johann Schop 1641

21. Es ist ein Ros entsprungen

Es ist ein Ros entsprungen
aus einer Wurzel zart.
Wie uns die Alten sungen,
aus Jesse kam die Art
und hat ein Blümlein bracht,
mitten im kalten Winter,
wohl zu der halben Nacht.

Das Röslein das ich meine,
davon Jesaias sagt:
Maria ist's, die Reine,
die uns das Blümlein bracht.
Aus Gottes ew'gen Rat
hat sie ein Kind geboren
wohl zu der halben Nacht.

Das Blümelein so kleine,
das duftet uns so süß,
mit seinem hellen Scheine
vertreibt's die Finsternis.
Wahr' Mensch und wahrer Gott,
hilf uns aus allem Leide,
rettet von Sünd' und Tod.

O Jesu, bis zum Scheiden
aus diesem Jammertal
lass Dein Hilf uns geleiten
hin in den Freudensaal,
in Deines Vaters Reich,
da wir Dich ewig loben.
O Gott, uns das verleih.

T.: M. Prätorius 1609 / M.:Speyerer Gesangbuch 1599

22. Es kommt ein Schiff geladen

Es kommt ein Schiff, geladen
bis an den höchsten Bord,
trägt Gottes Sohn voll Gnaden,
des Vaters ewig's Wort.

Das Schiff geht still im Triebe,
trägt eine teure Last;
das Segel ist die Liebe,
der Heilig Geist der Mast.

Der Anker haft' auf Erden
da ist das Schiff am Land.
das Wort soll Fleisch uns werden,
der Sohn ist uns gesandt.

Zu Bethlehem geboren
im Stall ein Kindelein,
gibt sich für uns verloren;
gelobet muss es sein.

Und wer dies Kind mit Freuden
umfangen, küssen will,
muss vorher mit ihm leiden
groß Pein und Marter viel,

Danach mit ihm auch sterben
und geistlich aufersteh'n,
das Leben zu ererben,
wie an ihm ist gescheh'n.

T.: Daniel Sudermann 1626 / M.: aus Köln 1608

23. Es wird scho glei dumpa

Es wird scho glei dumpa,
es wird scho glei Nacht,
Drum kim i zu dir her,
mei Heiland auf d'Wacht.
Will singen a Liadl,
dem Liebling dem kloan,
Du magst ja net schlafn,
i hör die nur woan.
Hei, hei, hei, hei!
Schlaf siaß, herzliabes Kind

Vergiss hiaz, o Kinderl, dein Kummer, dei Load,
dass d'dada muaßt leidn im Stall auf da Hoad.
Es ziern ja die Engerl dei Liegerstatt aus.
Möcht schöna nit sein drin an König sei Haus.
Hei, hei, hei, hei!
Schlaf siaß, herzliabes Kind!

Ja Kinderl, du bist halt im Kripperl so schen,
mi ziemt, i kann nimmer da weg von dir gehn.
I wünsch dir von Herzen die süaßte Ruah,
die Engerl vom Himmel, die deckn di zua.
Hei, hei, hei, hei! Schlaf siaß, herzliabes Kind!

Mach zua deine Äugal in Ruah und in Fried
und gib mir zum Abschied dein Segn no grad mit!
Aft werd ja mei Schlaferl a sorgenlos sein,
aft kann i mi ruahli aufs Niederlegn gfrein.
Hei, hei, hei, hei! Schlaf siaß, herzliabes Kind!

T.: Anton Reidunger 1870 / M.: Altbayern u. Tirol 16. JH

24. Freu dich Erd und Sternenzelt

Freu dich, Erd und Sternenzelt, Halleluja!
Gottes Sohn kam in die Welt, Hallelujah.
Uns zum Heil erkoren,
Ward er heut geboren, heute uns geboren.

Menschen, seht den schönen Stern, Hallelujah,
Glaubt an Christus, unsern Herrn, Hallelujah.
Uns zum Heil erkoren,
Ward er heut geboren, heute uns geboren.

Seht der schönsten Rose Flor, Hallelujah.
Sprießt aus Jesses Zweig empor, Hallelujah.
Uns zum Heil erkoren,
Ward er heut geboren, heute uns geboren.

Er, das menschenword'ne Wort, Hallelujah.
Jesus Christus, unser Hort, Hallelujah.
Uns zum Heil erkoren,
Ward er heut geboren, heute uns geboren.

Alles Dunkel wird nun licht, Hallelujah,
Gott zeigt uns sein Angesicht, Hallelujah.
Uns zum Heil erkoren,
Ward er heut geboren, heute uns geboren.

Heute wurde offenbar, Hallelujah,
Gott, der Herr, liebt immerdar, Hallelujah.
Uns zum Heil erkoren,
Ward er heut geboren, heute uns geboren.

Böhmisches Weihnachtslied, etwa 1520

25. Fröhlich soll mein Herze springen

Fröhlich soll mein Herze springen
Dieser Zeit, Da vor Freud' alle Engel singen.
Hört, hört, wie mit vollen Chören
Alle Luft Laute ruft:
Christus ist geboren!

Heute geht aus seiner Kammer
Gottes Held, der die Welt reißt aus allem Jammer.
Gott wird Mensch dir, Mensch, zugute.
Gottes Kind, das verbind't
Sich mit unserm Blute.

Die ihr arm seid und elende,
Kommt herbei, füllet frei Eures Glaubens Hände!
Hier sind alle guten Gaben
Und das Gold, Da ihr sollt
Euer Herz mit laben.

Süßes Heil, lass dich umfangen,
Lass mich dir, Meine Zier, Unverrückt anhangen!
Du bist meines Lebens Leben;
Nun kann ich mich durch dich
Wohl zufrieden geben.

Ich bin rein um deinetwillen;
Du gibst g'nug Ehr' und Schmuck, Mich darein zu hüllen.
Ich will dich ins Herze schließen;
O mein Ruhm, Edle Blum'
Lass dich recht genießen!

T.: Paul Gerhardt 1653 / M.: Johann Crüger 1653

26. Fröhliche Weihnacht überall

Fröhliche Weihnacht! Überall
tönet durch die Lüfte froher Schall.
Weihnachtston, Weihnachtsbaum,
Weihnachtsduft in jedem Raum!
Fröhliche Weihnacht! Überall
tönet durch die Lüfte froher Schall.
Darum alle stimmet in den Jubelton,
Denn es kommt das Licht der Welt
von des Vaters Thron.

Fröhliche Weihnacht! Überall
tönet durch die Lüfte froher Schall.
Weihnachtston, Weihnachtsbaum,
Weihnachtsduft in jedem Raum!
Fröhliche Weihnacht! Überall
tönet durch die Lüfte froher Schall.
Licht auf dunklem Wege, unser Licht bist du,
denn du führst, die dir vertraun,
ein zur sel'gen Ruh.

Fröhliche Weihnacht! Überall
tönet durch die Lüfte froher Schall.
Weihnachtston, Weihnachtsbaum,
Weihnachtsduft in jedem Raum!
Fröhliche Weihnacht! Überall
tönet durch die Lüfte froher Schall.
Was wir andern taten, sei getan für dich!
Dass ein jedes singen kann:
Christkind kam für mich.

Englische Volksweise

27. Heil'ge Nacht, oh gieße du

Heil'ge Nacht, o gieße du

Himmelsfrieden in dies Herz!

Bring dem armen Pilger Ruh

Holde Labung seinem Schmerz!

Hell schon erglühn die Sterne,

Grüßen aus blauer Ferne:

Möchte zu euch so gerne

Fliehn himmelwärts!

Harfentöne, lind und süß,

Weh'n mir zarte Lüfte her,

Aus des Himmels Paradies,

Aus der Liebe Wonnemeer.

Glüht nur, ihr goldnen Sterne,

Winkend aus blauer Ferne:

Möchte zu euch so gerne

Fliehn himmelwärts!

T.: unbekannt / M.: Ludwig v. Beethoven

28. Heiligste Nacht

Heiligste Nacht! Heiligste Nacht!
Finsternis weichet, es strahlet hienieden
lieblich und prächtig vom Himmel ein Licht.
Engel erscheinen, verkünden den Frieden,
Frieden den Menschen, wer freuet sich nicht?
Kommet, ihr Christen, o kommet geschwind,
Seht da die Hirten, wie eilig sie sind!
Eilt mit nach Davids Stadt!
Den Gott verheißen hat,
Liegt dort als Kind, liegt dort als Kind.

Göttliches Kind! Göttliches Kind!
Du, der gottseligen Väter Verlangen,
Zweig, der der Wurzel des Jesse entsprießt.
Lass dich mit inniger Liebe umfangen,
Sei uns mit herzlicher Demut gegrüßt:
Göttlicher Heiland, der Christenheit Haupt,
Was uns der Sündenfall Adams geraubt,
Schenket uns deine Huld,
Sie tilgt die Sündenschuld
Jedem, der glaubt, jedem, der glaubt.

Sünder bedenkt! Sünder bedenkt!
Zitternd vor Kälte, in Windeln gebunden,
liegt hier als Kind der gewaltige Gott.
Muss euch der Anblick das Herz nicht verwunden?
Dürft ihr die Liebe vergelten mit Spott?
Höret, wie rührend und zärtlich er spricht:
Sünder, verschmähe die Liebe doch nicht!
Sieh her, wie lieb ich dich!
Und du beleidigst mich!
Mich liebst du nicht, mich liebst du nicht!

Liebvolles Kind! Liebvolles Kind!
Reu' und Zerknirschung, die bring ich zur Gabe,
keinen Verblendungen geb ich mehr Platz.
Jesu, dich lieb ich; o wenn ich dich habe,
Hab ich den besten, den göttlichen Schatz.
Außer dir soll mich nun nichts mehr erfreun;
Denn ich verlange vereinigt zu sein
Nur mit dir, Göttlicher!
Du bist mein Gott und Herr.
Und ich bin dein, und ich bin dein.

T.: Christoph Bernhard Verspoell 1783/ M.: Verspoell, um1810

29. Herbei o ihr Gläubigen

Herbei, o ihr Gläubigen,
jauchzt und triumphieret,
o kommet, o kommet nach Bethlehem!
schauet das Kindlein,
uns zum Heiland geboren!
|: O lasset uns anbeten, :|
O lasset uns anbeten, den König, den Herrn!

Du König der Ehren,
Herrscher der Heerscharen,
du ruhst in der Krippe im Erdenthal.
Gott, wahrer Gott,
von Ewigkeit geboren!
|: O lasset uns anbeten, :|
O lasset uns anbeten, den König, den Herrn!

Kommt, singet dem Herren, o ihr Engelchöre,
frohlocket, frohlocket, ihr Seligen;
Ehre sei Gott im Himmel
und auf Erden.
|: O lasset uns anbeten, :|
O lasset uns anbeten, den König, den Herrn!

Drum dir, der du heute bist für uns geboren
O Jesu sei Ehre und Ruhm und Dank!
Wort des ewgen Vaters,
Fleisch für uns geworden!
|: O lasset uns anbeten,:|
O lasset uns anbeten, den König, den Herrn!

T.: F. H. Ranke 1820 / John Reading d.J. 1751

30. Hört der Engel helle Lieder

Hört der Engel helle Lieder

klingen das weite Feld entlang,

und die Berge hallen wider

von des Himmels Lobgesang:

Gloria... in excelsis Deo.

Hirten, warum wird gesungen?

Sagt mir doch eures Jubels Grund!

Welch ein Sieg ward denn errungen,

den uns die Chöre machen kund?

Gloria... in excelsis Deo.

Sie verkünden uns mit Schalle,

dass der Erlöser nun erschien,

dankbar singen sie heut alle

an diesem Fest und grüßen ihn.

Gloria... in excelsis Deo.

T.: Otto Abel 1954 / M.: Frankreich 18. JH

31. Ich danke Gott und freue mich

Ich danke Gott und freue mich
Wie's Kind zur Weihnachtsgabe,
Daß ich hier bin! Und daß ich dich
Schön menschlich Antlitz habe.

Daß ich die Sonne, Berg und Meer,
Und Laub und Gras kann sehen
Und abends unterm Sternenheer
Und lieben Monde gehen.

Gott gebe mir nur jeden Tag.
So viel ich darf zum Leben,
Er gibt's dem Sperling auf dem Dach;
Wie sollt' er's mir nicht geben!

T.: Matthias Claudius / M.: Franz Schubert 1817

32. Ich lag und schlief, da träumte mir

Ich lag und schlief, da träumte mir
ein wunderschöner Traum;
es stand auf unserm Tisch vor mir
ein hoher Weihnachtsbaum.

Und bunte Lichter ohne Zahl,
Die brannten ringsumher,
Die Zweige waren allzumal
Von goldnen Äpfeln schwer.

Und Zuckerpuppen hingen dran:
Das war mal eine Pracht!
Da gab´s, was ich nur wünschen kann
Und was mir Freude macht.

Und als ich nach dem Baume sah
Und ganz verwundert stand,
Nach einem Apfel griff ich da,
Und alles, alles schwand.

Da wacht´ ich auf aus meinem Traum.
Und dunkel war´s um mich:
Du lieber, schöner Weihnachtsbaum,
Sag an, wo find´ ich dich?

Da war es just, als rief er mir:
„Du darfst nur artig sein,
Dann steh´ ich wiederum vor dir —
Jetzt aber schlaf nur ein

Und wenn du folgst und artig bist,
Dann ist erfüllt dein Traum,
Dann bringet dir der Heil´ge Christ
Den schönsten Weihnachtsbaum.

T.: Hofmann v. Fallersleben 1798-1872

33. Ich steh an deiner Krippen hier

Ich steh an deiner Krippen hier,
o Jesu, du mein Leben;
ich komme, bring und schenke dir,
was du mir hast gegeben.
Nimm hin, es ist mein Geist und Sinn,
Herz, Seel und Mut, nimm alles hin
und laß dir's wohlgefallen

Da ich noch nicht geboren war,
da bist du mir geboren
und hast mich dir zu eigen gar,
eh ich dich kannt, erkoren.
Eh ich durch deine Hand gemacht,
da hast du schon bei dir bedacht,
wie du mein wolltest werden.

Ich sehe dich mit Freuden an
und kann mich nicht satt sehen;
und weil ich nun nichts weiter kann,
bleib ich anbetend stehen
O daß mein Sinn ein Abgrund wär
und meine Seel ein weites Meer,
dass ich dich möchte fassen!

Eins aber, hoff ich, wirst du mir,
mein Heiland, nicht versagen:
dass ich dich möge für und für
in, bei und an mir tragen.
So lass mich doch dein Kripplein sein;
komm, komm und lege bei mir ein
dich und all deine Freuden.

T.: Paul Gerhardt 1653 / M.: Johann Sebastian Bach 1736

34. Ihr Hirten erwacht

Ihr Hirten erwacht!
Erhellt ist die Nacht.
Wie strahlt's aus der Ferne,
wie schwinden die Sterne.
Es naht sich, es naht sich
die leuchtende Pracht!
Der Herr ist zugegen
mit himmlischer Macht.

"O fürchtet euch nicht
vor göttlichem Licht!"
So tröstet in Freude
auf Bethlehems Weide
ein Engel des Herren
die Hirten im Feld,
ein Bote des Friedens
der sündigen Welt.

Nicht länger verweilt,
nach Bethlehem eilt!
Da liegt im Stalle
das Heil für euch alle,
ein Kindlein geboren
in Armut und Not,
um siegreich zu wenden
die Sünd und den Tod

Die Hirten geschwind hineilen zum Kind,
froh singen die Chöre der himmlischen Heere.
Im Stalle die Hirten dem Kinde sich nah'n,
erkennen die Gottheit und beten es an.

T./ M. um 1852

35. Ihr Kinderlein kommet

Ihr Kinderlein, kommet, o kommet doch all!
Zur Krippe her kommet in Bethlehems Stall.
Und seht was in dieser hochheiligen Nacht
Der Vater im Himmel für Freude uns macht.

O seht in der Krippe im nächtlichen Stall,
seht hier bei des Lichtes hellglänzendem Strahl,
in reinliche Windeln das himmlische Kind,
viel schöner und holder, als Engelein sind.

Da liegt es, das Kindlein, auf Heu und auf Stroh,
Maria und Josef betrachten es froh;
die redlichen Hirten knien betend davor,
hoch oben schwebt jubelnd der Engelein Chor.

O beugt, wie die Hirten, anbetend die Knie,
erhebet die Händchen und betet wie sie!
Stimmt freudig, ihr Kinder - Wer soll sich nicht freun?
Stimmt freudig zum Jubel der Engelein ein!

O betet: Du liebes, du göttliches Kind,
was leidest du alles für unsere Sünd!
Ach hier in der Krippe schon Armut und Not,
am Kreuze dort gar noch den bitteren Tod.

Was geben wir Kinder, was schenken wir dir,
du bestes und liebstes der Kinder, dafür?
Nichts willst du von Schätzen und Reichtum der Welt,
ein Herz nur voll Demut allein dir gefällt.

So nimm unsre Herzen zum Opfer denn hin;
wir geben sie gerne mit fröhlichem Sinn;
und mache sie heilig und selig wie deins,
und mach sie auf ewig mit deinem in eins.

T.: Christoph v. Schmid 1798 / M.: J.A.P. Schulz 1794

36. Ihr lieben Christen freut euch nun

Ihr lieben Christen, freut euch nun,
bald wird erscheinen Gottes Sohn,
der unser Bruder worden ist,
das ist der lieb Herr Jesus Christ

Der Jüngste Tag ist nun nicht fern.
Komm, Jesu Christe, lieber Herr!
Kein Tag vergeht, wir warten dein
und wollten gern bald bei dir sein.

Du treuer Heiland Jesu Christ,
dieweil die Zeit erfüllet ist,
die uns verkündet Daniel,
so komm, lieber Immanuel

Der Teufel brächt uns gern zu Fall
und wollt uns gern verschlingen all;
er tracht' nach Leib, Seel, Gut und Ehr.
Herr Christ, dem alten Drachen wehr.

Ach lieber Herr, eil zum Gericht!
Lass sehn dein herrlich Angesicht,
das Wesen der Dreifaltigkeit.
Das helf uns Gott in Ewigkeit

T:Erasmus Alberus 1546 /M:„Steht auf ihr lieben Kinderlein" 15 JH

37. In dulci jubilo

In dulci jubilo,
nun singet und seid froh
unsers Herzen Wonne
leit in presepio
und leuchtet als die Sonne
matris in gremio
Alpha est et o
Alpha est et o.

O Jesu parule
nach dir ist mir so weh
Tröst mir mein Gemüte
o puer optime
durch alle deine Güte
o princeps glorie
trahe me post te
trahe me post te.

Ubi sunt gaudia
nirgend mehr denn da
da die Engel singen
noua cantica
und die Schellen klingen
in regis curia
Eya wer wir da
Eya wer wir da.

T.: Heinrich Seuse 14. JH / M.: Martin Luther 1535

38. Inmitten der Nacht

Inmitten der Nacht,
als Hirten erwacht,
|: da hörte man singen und Gloria klingen
ein englische Schaar, ja ja, geboren Gott war. :|

Die Hirten im Feld
verließen ihr Zelt,
|: sie gingen mit Eilen, ja ohne Verweilen
dem Krippelein zu, ja zu, der Hirt und der Bub.:|

Die Hirten im Feld
verließen ihr Zelt,
|: sie gingen mit Eilen, ja ohne Verweilen
dem Krippelein zu, ja zu, der Hirt und der Bub. :|

Sie fanden geschwind
das göttliche Kind
|: es herzlich zu grüßen, es zärtlich zu küssen
sie waren bedacht, bedacht dieselbige Nacht. :|

Es lächelt uns an,
so lieblich es kann.
|: Es will uns heut geben das ewige Leben,
die Göttliche Gnad, ja Gnad und was er nur hat. :|

Kommt, Christen, kommt her,
kommt aber nicht leer,
|: beschauet das Kindlein, es liegt in dem Kripplein,
schenkt ihm euer Herz,
das Herz, es lindert den Schmerz.:|

T. / M.: Fränkisches Volkslied 1855

39. Jauchzet, ihr Himmel, frohlocket

Jauchzet, ihr Himmel, frohlocket, ihr Engel in Chören,
singet dem Herren, dem Heiland der Menschen, zu Ehren!
Sehet doch da: Gott will so freundlich und nah
zu den Verlornen sich kehren.

Jauchzet, ihr Himmel, frohlocket, ihr Enden der Erden!
Gott und der Sünder, die sollen zu Freunden nun werden.
Friede und Freud wird uns verkündiget heut;
freuet euch, Hirten und Herden!

Sehet dies Wunder, wie tief sich der Höchste hier beuget;
sehet die Liebe, die endlich als Liebe sich zeiget!
Gott wird ein Kind, träget und hebet die Sünd;
alles anbetet und schweiget.

Gott ist im Fleische: wer kann dies Geheimnis verstehen?
Hier ist die Pforte des Lebens nun offen zu sehen.
Gehet hinein, eins mit dem Kinde zu sein,
die ihr zum Vater wollt gehen.

Hast du denn, Höchster, auch meiner noch wollen gedenken?
Du willst dich selber, dein Herze der Liebe, mir schenken.
Sollt nicht mein Sinn innigst sich freuen darin
und sich in Demut versenken?

König der Ehren, aus Liebe geworden zum Kinde,
dem ich auch wieder mein Herze in Liebe verbinde:
du sollst es sein, den ich erwähle allein;
ewig entsag ich der Sünde.

Treuer Immanuel, werd auch in mir nun geboren,
komm doch, mein Heiland, denn ohne dich bin ich verloren!
Wohne in mir, mache ganz eins mich mit dir,
der du mich liebend erkoren.

T.: Gerhardt Tersteegen 1731 / M.: Rudolph Mauersberger 1926

40. Joseph, lieber Joseph mein

Joseph, lieber Joseph mein,
hilf mir wieg'n mein Kindelein,
Gott der wird dein Lohner sein,
im Himmelreich der Jungfrau Sohn Maria.

Gerne, liebe Maria mein,
helf' ich wiegen dein Kindelein,
Gott der wird mein Lohner sein,
im Himmelreich, der Jungfrau Sohn Maria.

Freu dich nun, du christlich Schar!
Gott, der Himmelskönig klar,
macht uns Menschen offenbar,
den uns gebar die reine Magd Maria

Alle Menschen soll gar
ganz in Frieden kommen dar,
dass ein jeder recht erfahr,
den uns gebar die reine Magd Maria.

Uns erschien Immanuel,
wie uns verkündet Gabriel
und bezeugt Ezechiel:
du Mensch ohn Fehl dich hat geborn Maria.

Ew'gen Vaters ew'ges Wort,
wahrer Gott der Tugend Hort,
irdisch hier, im Himmel dort
der Seelen Pfort die uns gebar Maria.

Süßer Jesu auserkor'n,
weißt wohl, Dass wir war'n verlor'n,
still uns deines Vaters Zorn,
dich hat gebor'n die reine Magd Maria.

T. / M.: Mönch von Salzburg 14. JH

41. Kling Glöckchen, klingelingeling

Kling, Glöckchen, klingelingeling!
Kling, Glöckchen, kling!
Lasst mich ein, ihr Kinder!
Ist so kalt der Winter!
Öffnet mir die Türen!
Lasst mich nicht erfrieren!
Kling, Glöckchen, klingelingeling!
Kling, Glöckchen, kling!

Kling, Glöckchen, klingelingeling!
Kling, Glöckchen, kling!
Mädchen, hört, und Bübchen,
macht mir auf das Stübchen!
Bringt euch viele Gaben,
wollt euch dran erlaben!
Kling, Glöckchen, klingelingeling!
Kling, Glöckchen, kling!

Kling, Glöckchen, klingelingeling!
Kling, Glöckchen, kling!
Hell erglühn die Kerzen,
öffnet mir die Herzen,
will drin wohnen fröhlich,
frommes Kind, wie selig!
Kling, Glöckchen, klingelingeling!
Kling, Glöckchen, kling!

T.: Carl Enslin19. JH / M.: Benedikt Widmann 1884

42. Kommet, Ihr Hirten

Kommet, ihr Hirten, ihr Männer und Fraun,
Kommet, das liebliche Kindlein zu schaun,
Christus, der Herr, ist heute geboren,
Den Gott zum Heiland euch hat erkoren.
Fürchtet euch nicht!

Lasset uns sehen in Bethlehems Stall,
Was uns verheißen der himmlische Schall;
Was wir dort finden, lasset uns künden,
Lasset uns preisen in frommen Weisen:
Halleluja!

Wahrlich, die Engel verkündigen heut
Bethlehems Hirtenvolk gar große Freud:
Nun soll es werden Friede auf Erden,
Den Menschen allen ein Wohlgefallen:
Ehre sei Gott!

T.: Karl Riedel 1870 / M.: aus Böhmen 1605

43. Kommt Kinder, lasst uns gehen

Kommt Kinder, lasst uns gehen gen Bethlehem,
Lasst uns im Geiste sehen, was dort gescheh'n!
Es lag in Todesschatten die ganze Welt.
Auf einmal wird vom Himmel die Nacht erhellt.

Es wachten fromme Hirten auf stiller Flur,
Bestürzt schaun ihre Augen des Lichtes Spur.
Da steht im Strahlenkleide ein Engel schön:
"Fürcht't nichts, ich bring euch Freude von
Himmelshöhn!"

Euch ist ja heut geboren der heil'ge Christ!
Ein Kindlein in der Krippe das Zeichen ist.
Ihr werdet es dort finden im Bethlehems Stall!"
Da tönet durch die Lüfte ein Wunderhall.

Der Engel volle Chöre in Jubelton
Besingen Gottes Ehre für seinen Sohn
Und singen von dem Frieden mit unserm Gott,
Den Christ uns sollt erwerben durch seinen Tod.

Die Engel steigen wieder zum Himmel auf,
Die Hirten suchen eilend das Christkind auf.
Sie haben es gefunden und machen kund
Was sie gesehn, gehört von Engels Mund

T.: A.John / M.: Friedrich Silcher "So nimm denn meine Hände"

44. Kommt und lasst uns Christus ehren

Kommt und lasst uns Christum ehren,
Herz und Sinnen zu ihm kehren!
Singet fröhlich, lasst euch hören,
Wertes Volk der Christenheit!

Sünd' und Hölle mag sich grämen,
Tod und Teufel mag sich schämen.
Wir, die unser Heil annehmen,
Werfen allen Kummer hin.

Sehet, was hat Gott gegeben!
Seinen Sohn zum ew'gen Leben!
Dieser kann und will uns heben
Aus dem Leid in's Himmels Freud'.

Seine Seel ist uns gewogen,
Lieb und Gunst hat ihn gezogen,
uns, die Satan hat betrogen,
zu besuchen aus der Höh.

O du hochgesegn'te Stunde,
Da wir das von Herzensgrunde
Glauben und mit unserm Munde
Danken dir, o Jesulein!

Schönstes Kindlein in dem Stalle,
Sei uns freundlich, bring uns alle
Dahin, wo mit süßem Schalle
Dich der Engel Heer erhöht!

T.: Paul Gerhardt 1666 / M.: Michael Prätorius, Melodie 15. JH

45. Lasst uns froh und munter sein

Lasst uns froh und munter sein
und uns recht von Herzen freu'n!
Lustig, lustig, trallerallera,
|: Bald ist Nikolausabend da! :|

Bald ist uns're Schule aus,
dann zieh'n wir vergnügt nach Haus.
Lustig, lustig, trallerallera,
|: Bald ist Nikolausabend da! :|

Dann stell ich den Teller auf,
Niklaus legt gewiss was drauf.
Lustig, lustig, trallerallera, |: Bald ist ... :|

Steht der Teller auf dem Tisch,
sing ich nochmals froh und frisch:
Lustig, lustig, trallerallera, |: Bald ist ... :|

Wenn ich schlaf, dann träume ich:
Jetzt bringt Niklaus was für mich.
Lustig, lustig, trallerallera, |: Bald ist ... :|

Wenn ich aufgestanden bin,
Lauf ich schnell zum Teller hin.
Lustig, lustig, trallerallera, |: Bald ist ... :|

Niklaus ist ein guter Mann,
dem man nicht g'nug danken kann.
Lustig, lustig, trallerallera, |: Bald ist ... :|

T.: Joseph Annegarn 19 JH/ M.: aus dem Hunsrück 19. JH

46. Leise rieselt der Schnee

Leise rieselt der Schnee,
still und starr liegt der See,
weihnachtlich glänzet der Wald:
Freue dich, Christkind kommt bald!

In den Herzen wirds warm,
still schweigt Kummer und Harm,
Sorge des Lebens verhallt:
Freue dich, Christkind kommt bald!

Bald ist Heilige Nacht,
Chor der Engel erwacht,
hört nur wie lieblich es schallt:
Freue dich, Christkind kommt bald!

Text/Musik: Eduard Ebel 1895

47. Lieb Nachtigall, wach auf

Lieb Nachtigall, wach auf
Wach auf, du schönes Vögelein
Auf deinem grünen Zweigelein
Wach hurtig auf, wach auf!
Dem Kindelein auserkoren
Heut geboren, fast erfroren
Sing, sing, sing dem zarten Jesulein!

Flieg her zum Krippelein!
Flieg her, du kleines Schwesterlein
Blas an dem feinen Psalterlein
Sing, Nachtigall, gar fein.
Dem Kindelein musiziere
Koloriere, jubiliere
Sing, sing, sing dem süßen Jesulein.

Sing, Nachtigall, ohn End,
Zu vielen hunderttausendmal
Das Kindlein lobe ohne Zahl
Ihm deine Liebe send!
Dem Heiland mein Ehr beweise
Lob und preise, laut und leise
Sing, sing, sing dem Christuskindelein

Stimm, Nachtigall, stimm an!
Den Takt gib mit den Federlein
Auch freudig schwing die Flügelein
Erstreck' dein Hälselein!
Der Schöpfer ein Mensch will werden
Mit Gebärden hier auf Erden
Sing, sing, sing dem werten Jesulein!

T. / M.: Volksweise, Bamberger Gesangbuch 1670

48. Lobt Gott, ihr Christen alle gleich

Lobt Gott, ihr Christen alle gleich,
in seinem höchsten Thron,
der heut schließt auf sein Himmelreich
|:und schenkt uns seinen Sohn.:|

Er kommt aus seines Vaters Schoß
und wird ein Kindlein klein,
er liegt dort elend, nackt und bloß
|:in einem Krippelein.:|

Er entäußert sich all seiner G'walt,
wird niedrig und gering
und nimmt an eines Knechts Gestalt,
|:der Schöpfer aller Ding.:|

Er wechselt mit uns wunderlich:
Fleisch und Blut nimmt er an
und gibt uns in seins Vaters Reich
|:die klare Gottheit dran.:|

Er wird ein Knecht und ich ein Herr;
das mag ein Wechsel sein!
Wie könnt es doch sein freundlicher,
|:das herze Jesulein.:|

Heut schließt er wieder auf die Tür
zum schönen Paradeis;
der Cherub steht nicht mehr dafür.
|:Gott sei Lob, Ehr und Preis.:|

T./M.: Nikolaus Hermann 1560

49. Macht hoch die Tür

Macht hoch die Tür, die Tor macht weit,
es kommt der Herr der Herrlichkeit.
Ein König aller Königreich´,
ein Heiland aller Welt zugleich,
der Heil und Leben mit sich bringt.
Derhalben jauchzt, mit Freuden singt:
Gelobet sei mein Gott,
Mein Schöpfer, reich von Rat!

Er ist gerecht, ein Helfer wert,
Sanftmütigkeit ist sein Gefährt.
Sein Königskron´ ist Heiligkeit.
Sein Zepter ist Barmherzigkeit.
All unsre Not zum End´ er bringt,
derhalben jauchzt, mit Freuden singt:
Gelobet sei mein Gott,
mein Heiland, groß von Tat!

O wohl dem Land, o wohl der Stadt,
so diesen König bei sich hat.
Wohl allen Herzen insgemein,
da dieser König ziehet ein.
Er ist die rechte Freudensonn´,
bringt mit sich lauter Freud´ und Wonn´.
Gelobet sei mein Gott,
mein Tröster, früh und spat.

Komm, o mein Heiland Jesu Christ.
Mein´s Herzens Tür dir offen ist.
Ach zieh mit deiner Gnade ein.
Dein Freundlichkeit auch uns erschein.
Dein Heilger Geist uns führ und leit
den Weg zur ewgen Seligkeit.
Dem Namen dein, o Herr
sei ewig Preis und Ehr

T.: Georg Weissel 1623 / Musik: aus Halle(1704)

50. Maria durch ein Dornwald ging

Maria durch ein'n Dornwald ging, Kyrieleison!
Maria durch ein'n Dornwald ging,
der hat in sieb'n Jahr kein Laub getragen.
Jesus und Maria.

Was trug Maria unter ihrem Herzen? Kyrieleison!
Ein kleines Kindlein ohne Schmerzen,
das trug Maria unterm Herzen!
Jesus und Maria.

Da hab'n die Dornen Rosen getragen, Kyrieleison!
Als das Kindlein durch den Wald getragen,
da haben die Dornen Rosen getragen! Jesus und ...

Wie soll dem Kind sein Name sein? Kyrieleison!
Der Name, der soll Jesus sein,
Das war von Anfang der Name sein! Jesus ...

Wer soll dem Kind sein Täufer sein? Kyrieleison!
Das soll der Sankt Johannes sein,
der soll dem Kind sein Täufer sein! Jesus und ...

Was kriegt das Kind zum Patengeld? Kyrieleison!
Den Himmel und die ganze Welt,
das kriegt das Kind zum Patengeld! Jesus ...

Wer hat erlöst die Welt allein? Kyrie eleison!
Das hat getan das Christkindlein,
das hat erlöst die Welt allein! Jesus und ...

Volksweise: Thüringen etwa 1850

51. Mariä Wiegenlied

Maria sitzt am Rosenhag

und wiegt ihr Jesuskind,

durch die Blätter leiser

weht der warme Sommerwind.

Zu ihren Füßen singt ein buntes Vögelein:

Schlaf, Kindlein, süße, schlaf nun ein!

Hold ist dein Lächeln,

holder deines Schlummers Lust,

leg dein müdes Köpfchen

fest an deiner Mutter Brust!

Schlaf, Kindlein, süße, schlaf nun ein!

T.: Martin Boelitz / M.: M.Reger

52. Mit Ernst, o Menschenkinder

Mit Ernst, o Menschenkinder, das Herz in euch bestellt,
bald wird das Heil der Sünder, der wunderstarke Held,
den Gott aus Gnad allein der Welt zum Licht und Leben
versprochen hat zu geben, bei allen kehren ein.

Bereitet doch fein tüchtig den Weg dem großen Gast;
macht seine Steige richtig, lasst alles, was er hasst;
macht alle Bahnen recht, die Tal lasst sein erhöhet,
macht niedrig, was hoch stehet,
was krumm ist, gleich und schlicht.

Ein Herz, das Demut liebet, bei Gott am höchsten teht;
ein Herz, das Hochmut übet, mit Angst zugrunde geht;
ein Herz, das richtig ist und folget Gottes Leiten,
das kann sich recht bereiten,
zu dem kommt Jesus Christ.

Ach mache du mich Armen zu dieser heilgen Zeit
aus Güte und Erbarmen, Herr Jesu, selbst bereit.
Zieh in mein Herz hinein vom Stall und von der Krippen,
so werden Herz und Lippen dir allzeit dankbar sein.

T.: Valentin Thilo 1642 / M.: „Von Gott will ich nicht lassen" 1563

53. Morgen, Kinder, wird's was geben

Morgen, Kinder, wird's was geben,
morgen werden wir uns freu'n!
Welch ein Jubel, welch ein Leben
wird in unsrem Hause sein!
Einmal werden wir noch wach,
heisa, dann ist Weihnachtstag!

Wie wird dann die Stube glänzen
von der großen Lichterzahl!
Schöner als bei frohen Tänzen
ein geputzter Kuppelsaal!
Wisst ihr noch, wie voriges Jahr
es am Heiligen Abend war?

Wisst ihr noch die Spiele, Bücher
und das schöne Schaukelpferd,
schöne Kleider, woll'ne Tücher,
Puppenstube, Puppenherd?
Morgen strahlt der Kerzen Schein,
morgen werden wir uns freu'n.

Wisst ihr noch den großen Wagen
und die schöne Jagd von Blei?
Unsre Kinderchen zum Tragen
und die viele Nascherei?
Meinen fleiß'gen Sägemann
mit der Kugel unten dran?

Welch ein schöner Tag ist morgen!
Neue Freuden hoffen wir.
Unsere guten Eltern sorgen
lange, lange schon dafür.
O gewiss, wer sie nicht ehrt
ist der ganzen Lust nicht wert.

T.: Martin Friedr. Philipp Bartsch /M.: Carl Gottlieb Hering 1809

54. Morgen kommt der Weihnachtsmann

Morgen kommt der Weihnachtsmann,
kommt mit seinen Gaben
Bunte Lichter, Silberzier,
Kind und Krippe, Schaf und Stier,
Zottelbär und Panthertier
möchte ich gerne haben.

Bring uns lieber Weihnachtsmann,
bring auch morgen, bringe
eine schöne Eisenbahn,
Bauernhof mit Huhn und Hahn,
einen Pfefferkuchenmann,
lauter schöne Dinge.

Doch du weißt ja unsren Wunsch,
kennst ja unsre Herzen.
Kinder, Vater und Mama,
auch sogar der Großpapa,
alle, alle sind wir da,
warten dein mit Schmerzen.

T.: Hoffmann von Fallersleben 1761 / M. aus Paris 1840

55. Niklaus komm in unser Haus

Nikolaus komm in unser Haus,

pack die großen Taschen aus.

Lustig, lustig, trallerallala!

Heut ist Nikolaus Abend da,

heut ist Nikolaus Abend da.

Stell das Pferdchen unter den Tisch

dass es Heu und Hafer frisst.

Lustig, lustig ...

Heu und Hafer frisst es nicht,

Zuckerplätzchen kriegt es nicht.

Lustig, lustig ...

Volkslied 19. JH

56. Nun singet und seid froh

Nun singet und seid froh,
jauchzt all' und saget so:
Unsers Herzens Wonne
liegt in der Krippe bloß.
Leuchtet als die Sonne
in seiner Mutter Schoß.
|: Du bist A und O. :|

Sohn Gottes in der Höh,
nach dir ist mir so weh!
Tröst mein Gemüte,
o Kindlein zart und rein,
und durch deine Güt,
o liebstes Jesulein!
|: Zeuch mich hin nach dir! :|

Groß ist des Vaters Huld,
der Sohn tilgt unsre Schuld;
da wir ganz verdorben.
Durch Sünd' und Eitelkeit,
hat er uns erworben
die ew'ge Himmelsfreud'.
|: Eia, wär'n wir da! :|

Wo ist der Freudenort?
Sonst nirgend mehr denn dort,
da die Engel singen
dem lieben Jesulein,
und die Psalmen klingen
im Himmel hell und rein.
|: Eia, wär'n wir da! :|

Liedtext Vehes Gesangbüchlein 1537

57. O du fröhliche

O du fröhliche, o du selige,

gnadenbringende Weihnachtszeit.

Welt ging verloren,

Christ ward geboren,

freue, freue dich,

O Christenheit!

O du fröhliche, o du selige,

gnadenbringende Weihnachtszeit.

Christ ist erschienen,

Uns zu versühnen,

Freue, freue dich,

O Christenheit!

O du fröhliche, o du selige,

gnadenbringende Weihnachtszeit.

Himmlische Heere

jauchzen Dir Ehre,

freue, freue dich, O Christenheit!

T.: Johannes Falk 1816 / M.: Sizilianische Volksweise "O Santissima"

58. O Freude über Freude

O Freude über Freude,
ihr Nachbarn kommt und hört,
was mir dort auf der Heide
für Wunderding passiert!
Es kam ein weißer Engel
bei hoher Mitternacht
der sang mir ein Gesängel,
daß mir das Herze lacht.

Er sagte: "Freut euch alle!
Der Heiland ist gebor'n
zu Bethlehem im Stalle,
das hat er sich erkor'n.
Die Krippe ist sein Bette;
geht hin nach Bethlehem!"
Und wie er also redte,
da flog er wieder heim.

Ich dacht', du mußt nicht säumen,
ich ließ die Schäflein stehn;
ich lief dort hinter den Zäunen
bis zu dem Stalle hin.
Da ward ich schier geblendet
von einem lichten Strahl,
der hatte gar kein Ende
und wies mich in den Stall.

Ich schlich mich auf die Seite,
ich guckt ein wenig 'nein,
da sah ich ein paar Leute
und auch ein Kindelein.
Es hatt' kein warmes Bette
und lag auf hartem Stroh
und war doch also nette,
kein Maler traf es so.

T. / M.: Schlesien 19. JH

59. O Heiland reiß die Himmel auf

O Heiland, reiß die Himmel auf,
Herab, herab, vom Himmel lauf!
Reiß ab vom Himmel Tor und Tür,
Reiß ab, wo Schloss und Riegel für!

O Gott, ein' Tau vom Himmel gieß;
Im Tau herab, o Heiland, fließ.
Ihr Wolken, brecht und regnet aus
Den König über Jakobs Haus.

O Erd', schlag aus, schlag aus, o Erd',
Dass Berg und Tal grün alles werd'
O Erd', herfür dies Blümlein bring,
O Heiland, aus der Erden spring.

Wo bleibst du, Trost der ganzen Welt,
Darauf sie all' ihr' Hoffnung stellt?
O komm, ach komm vom höchsten Saal,
Komm tröst uns hier im Jammertal.

O klare Sonn', du schöner Stern,
Dich wollten wir anschauen gern.
O Sonn', geh auf, ohn' deinen Schein
In Finsternis wir alle sein.

T.: FriedrichSpee v.Langenfeld 1622 / M.: Augsburg 1638

60. O Jesulein zart

O Jesulein zart, dein Kripplein ist hart
o Jesulein zart, wie liegst du so hart
Ach, schlaf, ach, tu dein Äuglein zu
schlaf und gib uns die ewige Ruh
O Jesulein zart, wie liegst du so hart
O Jesulein zart, dein Kripplein ist hart

Schlaf, Jesulein, wohl, nichts hindern dich soll
Ochs, Esel und Schaf sind alle im Schlaf
Der Seraphim singt und Cherubim klingt
viel Engel im Stall, sie wiegen dich all
Schlaf, Jesulein, wohl, nichts hindern dich soll
Ochs, Esel und Schaf sind alle im Schlaf

Seid stille ihr Wind, lasst schlafen das Kind!
All Brausen sei fern, lasst ruhn euren Herrn!
Schlaf, Kund, und tu dein´ Äuglein zu,
schlaf und gib uns die ewige Ruh!
Ihr Stürme halt´ ein, das Rauschen lasst sein!
Seid stille, ihr Wind´ , lasst schlafen das Kind!

Nichts mehr sich bewegt, kein Mäuslein sich regt,
zu schlafen beginnt das herzige Kind.
Schlaf denn und tu dein´ Äuglein zu,
schlaf und gib uns die ewige Ruh!
Nichts mehr man dann singt,
kein Stimmlein mehr klingt:
schlaf Jesulein zart, von göttlicher Art

T.: FriedrichSpee v.Langenfeld 1622 / M.: Köln 1623

61. O laufet, ihr Hirten

O laufet ihr Hirten, lauft alle zugleich!
Nehmet Schalmeien und Pfeifen mit euch!
Lauft alle zumal mit freudigem Schall
auf Bethlehem zum Kripplein,
zum Kripplein im Stall!

Ein Kindlein ist g'sehn wie ein Engel so schön,
dabei auch ein alter Vater tut stehn;
ein Jungfrau schön zart nach englischer Art:
es hat mich erbarmet ganz inniglich hart.

Wenn ich nur hätte mein Häuslein dahier,
das dorten im Tale alleine tut stehn,
wie war ich so froh, blieb alleweil do,
ein Essen wollt kochen und warten schon auf.

Was kann ich dem Kindlein verehren zur Gab?
Ein Lämmlein und alles, was ich nur hab,
ein Windlein dazu, gilts auch schon mein Bu,
damit man das Kindlein fein decken kann zu.

Mein Nachbar, lauf hurtig, brings Wieglein daher,
wills Kindlein reinlegen, es zittert so sehr.
Hei, hei, popei! Liebes Kindel, schlaf ei!
Im Krippel, zartes Jesulein, hei, hei, popei!

T./ M.: Volkslied aus Schlesien, 18. JH

62. O selige Nacht

O selige Nacht!
In himmlischer Pracht
Erscheint auf der Weide
Ein Bote der Freude
|: Den Hirten, die nächtlich die Herde bewacht. :|

Wie tröstlich er spricht:
O fürchtet euch nicht,
Ihr waret verloren,
Heut ist auch geboren
|: Der Heiland, der allen das Leben verspricht. :|

Seht Bethlehem dort,
Den glücklichen Ort,
Da werdet ihr finden,
Was wir euch verkünden:
|: Das sehnlichst erwartete göttliche Wort. :|

Eilt, Christen, geschwind
Zum Göttlichen Kind,
Eilt, Fromme und Sünder,
Eilt, Eltern und Kinder!
|: Ihm weihet die Herzen, von Liebe entzünd't! :|

Voll Freude sie sind
Sie eilen geschwind
und finden im Stalle
das Heil für uns alle
|: in Windeln gewickelt das göttliche Kind. :|

O tröstliche Zeit
die alle erfreut!
Sie lindert die Schmerzen
sie wecket die Herzen
|: zum Danke, zur Liebe zur himmlichen Freud. :|

T./ M.: Volkslied 17. JH

63. O Tannenbaum

O Tannenbaum, O Tannenbaum,
wie treu sind deine Blätter.
Du grünst nicht nur zur Sommerzeit,
nein auch im Winter wenn es schneit.
O Tannenbaum, O Tannenbaum,
Wie grün sind deine Blätter!

O Tannenbaum, O Tannenbaum,
du kannst mir sehr gefallen!
Wie oft hat schon zur Winterszeit
ein Baum von dir mich hoch erfreut!
O Tannenbaum, O Tannenbaum,
du kannst mir sehr gefallen!

O Tannenbaum, O Tannenbaum,
dein Kleid will mich was lehren:
Die Hoffnung und Beständigkeit
gibt Mut und Kraft zu jeder Zeit!
O Tannenbaum, O Tannenbaum,
dein Kleid will mich was lehren.

T.:Melchior Franck, Schlesien / M.:Volksweise Schlesien 16. JH

64. Schlaf wohl, o du

Schlaf wohl, du Himmelsknabe du,
schlaf wohl, du süßes Kind.
Dich fächeln Engelein in Ruh
mit sanftem Himmelswind.
Wir armen Hirten singen dir
Ein herzigs Liedchen für:
Schlafe, schlafe, Himmelssöhnchen, schlafe.

Maria hat mit Mutterblick
dich leise zugedackt,
und Joseph hält den Hauch zurück,
daß er dich nicht erweckt.
Die Schäflein, die im Stalle sind,
verstummen vor dir, Himmelskind.
Schlafe, schlafe, Himmelssöhnchen, schlafe.

Bald wirst du groß, dann fließt dein Blut von Golgatha herab,
ans Kreuz schlägt dich der Menschen Wut,
da legt man dich ins Grab.
Hab immer deine Äugelein zu,
denn du bedarfst der süßen Ruh:
Schlafe, schlafe, Himmelssöhnchen, schlafe.

So schlummert in der Mutter Schoß
Noch manches Kindlein ein,
doch wird das arme Kindlein groß,
so hat es Angst und Pein.
O Jesulein, durch deine Huld
Hilf's ihnen tragen mit Geduld:
Schlafe, schlafe, Himmelssöhnchen, schlafe.

T: Christian Friedrich Daniel Schubart 1786 /M: Karl Neuner 1814

65. Schneeflöckchen

Schneeflöckchen Weißröckchen
wann kommst du geschneit?
Du wohnst in den Wolken,
dein Weg ist so weit.

Komm setz dich ans Fenster,
du lieblicher Stern,
malst Blumen und Blätter,
wir haben dich gern.

Schneeflöckchen, du deckst uns
die Blümelein zu,
dann schlafen sie sicher
in himmlischer Ruh'.

Schneeflöckchen Weißröckchen
komm zu uns ins Tal.
Dann bau'n wir den Schneemann
und werfen den Ball.

T.: Hedwig Haberkern 1869

66. Still, still, still, weil's Kindlein schlafen will

Still, still, still, weil's Kindlein schlafen will.
Die Englein tun schön jubilieren,
bei dem Kripplein musizieren.
Still, still, still, weil's Kindlein schlafen will.

Schlaf, schlaf, schlaf, Mein liebes Kindlein schlaf!
Maria tut dich niedersingen
und ihr treues Herz darbringen.
Schlaf, schlaf, schlaf, Mein liebes Kindlein schlaf!

Groß, groß, groß, die Lieb' ist übergroß.
Gott hat den Himmelsthron verlassen
und muss reisen auf der Straßen.
Groß, groß, groß, die Lieb' ist übergroß.

Auf, auf, auf, ihr Adamskinder auf!
Fallet Jesum all zu Füßen,
weil er für uns d'Sünd tut büßen!
Auf, auf, auf, ihr Adamskinder auf!

Wir, wir, wir, wir rufen all zu dir:
Tu uns des Himmels Reich aufschließen,
wenn wir einmal sterben müssen.
Wir, wir, wir, wir rufen all zu dir.

Ruh't, ruh't, ruh't, weil's Kindlein schlafen tut.
Sankt Josef löscht das Lichtlein aus,
die Englein schützen's kleine Haus.
Ruh't, ruh't, ruh't, weil's Kindlein schlafen tut.
Volkslied Salzburg 1819

67. Stille Nacht, Heilige Nacht

Stille Nacht, heilige Nacht!
Alles schläft, einsam wacht
Nur das traute, hochheilige Paar.
Holder Knabe im lockigen Haar,
|: Schlaf in himmlischer Ruh. :|

Stille Nacht, heilige Nacht!
Gottes Sohn, o wie lacht
Lieb aus deinem göttlichen Mund,
Da uns schlägt die rettende Stund,
|: Christ, in deiner Geburt. :|

Stille Nacht! Heilige Nacht!
Die der Welt Heil gebracht,
Aus des Himmels goldenen Höh'n
Uns der Gnade Fülle läßt seh'n
|: Jesum in Menschengestalt! :|

Stille Nacht! Heilige Nacht!
Wo sich heut alle Macht
Väterlicher Liebe ergoss
Und als Bruder huldvoll umschloss
Jesus die Völker der Welt!

Stille Nacht, Heilige Nacht!
Hirten erst kundgemacht,
Durch der Engel Halleluja.
Tönt es laut von fern und nah:
|: Christ, der Retter ist da! :|

Text: Joseph Mohr 1816 / Musik Franz Xaver Gruber 1818

68. Süßer die Glocken nie klingen

Süßer die Glocken nie klingen
als zu der Weihnachtszeit,
's ist, als ob Engelein singen
wieder von Frieden und Freud'.
|: Wie sie gesungen in seliger Nacht,:|
Glocken mit heiligem Klang,
klinget die Erde entlang!

O, wenn die Glocken erklingen,
schnell sie das Christkindlein hört:
Tut sich vom Himmel dann schwingen
eilig hernieder zur Erd'.
|: Segnet den Vater, die Mutter, das Kind,:|
Glocken mit heiligem Klang,
klinget die Erde entlang!

Klinget mit lieblichem Schalle
über die Meere noch weit,
dass sich erfreuen doch alle
seliger Weihnachtszeit.
|: Alle aufjauchzen mit herrlichem Sang!:|
Glocken mit heiligem Klang,
klinget die Erde entlang!

Text: Friedrich Wilh. Kritzinger / M.: thüring. Volkslied 19. JH

69. Tochter Zion, freue dich

Tochter Zion, freue dich!
Jauchze, laut, Jerusalem!
Sieh, dein König kommt zu dir!
Ja er kommt, der Friedenfürst.
Tochter Zion, freue dich!
Jauchze, laut, Jerusalem!

Hosianna, Davids Sohn,
sei gesegnet deinem Volk!
Gründe nun dein ewig' Reich,
hosianna in der Höh'!
Hosianna, Davids Sohn,
sei gesegnet deinem Volk!

Hosianna, Davids Sohn,
sei gegrüßet, König mild!
Ewig steht dein Friedensthron,
du, des ew'gen Vaters Kind.
Hosianna, Davids Sohn,
sei gegrüßet, König mild!

T.: Heinrich Ranke 1798-1876 / M.: Georg Friedrich Händel 1747

70. Vom Himmel hoch da komm ich her

Vom Himmel hoch, da komm' ich her.
Ich bring' euch gute neue Mär,
der guten Mär bring' ich so viel,
davon ich sing'n und sagen will.

Euch ist ein Kindlein heut' gebor'n
von einer Jungfrau auserkor'n,
ein Kindelein, so zart und fein,
das soll eur' Freud' und Wonne sein.

Es ist der Herr Christ, unser Gott,
der will euch führ'n aus aller Not,
er will eu'r Heiland selber sein,
von allen Sünden machen rein.

Er bringt euch alle Seligkeit,
die Gott der Vater hat bereit,
dass ihr mit uns im Himmelreich
sollt leben nun und ewiglich.

Ach, mein herzliebes Jesulein,
mach dir ein rein, sanft Bettelein,
zu ruhen in mein's Herzens Schrein,
das ich nimmer vergesse dein!

Davon ich allzeit fröhlich sei,
zu springen, singen immer frei
das rechte Susaninne schon,
mit Herzenslust den süßen Ton.

Lob, Ehr' sei Gott im Höchsten Thron,
der uns schenkt seinen ein'gen Sohn!
Des freuen sich der Engel Schar
und singen uns solch neues Jahr.

Text und Melodie: Martin Luther – 1534

71. Vom Himmel hoch, o Englein, kommt

Vom Himmel hoch, o Engel, kommt!
Eia, eia, susani, susani, susani!
Kommt, singt und springt, kommt pfeift und trombt!
Alleluja, alleluja!
Von Jesus singt und Maria!

Lasst hören euer Stimmen viel,
Eia, eia, susani, susani, susani!
Mit Orgel- und mit Saitenspiel!
Alleluja, alleluja!
Von Jesus singt und Maria!

Hier muss die Musik himmlisch sein,
Eia, eia, susani, susani, susani!
Weil dies ein himmlisch Kindelein.
Alleluja, alleluja!
Von Jesus singt und Maria!

Die Stimmen müssen lieblich gehen
Eia, eia, susani, susani, susani!
Und Tag und Nacht nicht stille stehn.
Alleluja, alleluja!
Von Jesus singt und Maria!

Sehr süß muss sein der Orgel Klang,
Eia, eia, susani, susani, susani!
Süß über allen Vogelsang.
Alleluja, alleluja!
Von Jesus singt und Maria!

Singt Fried den Menschen weit und breit,
Eia, eia, susani, susani, susani!
Gott Preis und Ehr in Ewigkeit!
Alleluja, alleluja! Von Jesus singt und Maria!

Text / Melodie: 17. JH

72. Vom Himmel kam der Engel Schar

Vom Himmel kam der Engel Schar,
erschien den hirten offenbar;
sie sagten ihn': "Ein Kindlein zart,
das liegt dort in der Krippen hart.

zu Bethlehem, in Davids Stadt,
wie Micha[1] das verkündet hat,
es ist der herre Jesus Christ,
der euer aller Heiland ist.

Des sollt ihr alle fröhlich sein,
daß Gott mit euch ist worden ein.
Er ist geborn eu'r Fleisch und Blut,
eu'r Bruder ist das ewig Gut.

Was kann euch tun die Sünd und Tod?
Ihr habt mit euch den wahren Gott;
laßt zürnen Teufel und die Höll,
Gottes Sohn ist worden eu'r Gesell.

Er will und kann euch lassen nicht,
setzt ihr auf ihn eu'r Zuversicht;
es mögen euch viel fechten an:
dem sei Trotz, der's nicht lassen kann.

Zuletzt müßt ihr doch haben recht,
ihr seid nun worden Gotts Geschlecht.
Des danket Gott in Ewigkeit,
geduldig, fröhlich allezeit.

T.: Martin Luther 1543 / M.: Puer nobis nascitur, Wittenberg 1543

73. Von guten Mächten treu und still umgeben

Von guten Mächten treu und still umgeben
behütet und getröstet wunderbar,
so will ich diese Tage mit euch leben
und mit euch gehen in ein neues Jahr;

Noch will das alte unsre Herzen quälen,
noch drückt uns böser Tage schwere Last.
Ach Herr, gib unsern aufgeschreckten Seelen
das Heil, für das Du uns geschaffen hast.

Und reichst Du uns den schweren Kelch, den bittern,
des Leids, gefüllt bis an den höchsten Rand,
so nehmen wir ihn dankbar ohne Zittern
aus Deiner guten und geliebten Hand.

Doch willst Du uns noch einmal Freude schenken
an dieser Welt und ihrer Sonne Glanz,
dann woll'n wir des Vergangenen gedenken,
und dann gehört Dir unser Leben ganz.

Lass warm und hell die Kerzen heute flammen
die Du in unsre Dunkelheit gebracht,
führ, wenn es sein kann, wieder uns zusammen!
wir wissen es, Dein Licht scheint in der Nacht.

Wenn sich die Stille nun tief um uns breitet,
so lass uns hören jenen vollen Klang
der Welt, die unsichtbar sich um uns weitet,
all Deiner Kinder hohen Lobgesang.

(Refrain)   Von guten Mächten wunderbar geborgen
erwarten wir getrost, was kommen mag.
Gott ist bei uns am Abend und am Morgen
und ganz gewiß an jedem neuen Tag.

T.: Dietrich Bonhoeffer 1944 / M.: Otto Abel 1959

74. Was soll das bedeuten

Was soll das bedeuten? Es taget ja schon.
Ich weiß wohl, es geht erst um Mitternacht rum.
Schaut nur daher! Schaut nur daher!
Wie glänzen die Sternlein je länger je mehr!

Treibt zusammen, treibt zusammen die Schäflein fürbaß.
Treibt zusammen, treibt zusammen, dort zeig ich euch was
Dort in dem Stall, dort in dem Stall,
Werdet Wunderding sehen, treibt zusammen einmal.

Ich hab nur ein wenig von weitem geguckt,
Da hat mir mein Herz schon vor Freuden gehupft:
Ein schönes Kind, ein schönes Kind
Liegt dort in der Krippe bei Esel und Rind.

Ein herziger Vater, der steht auch dabei;
Ein wunderschön Jungfrau kniet auch auf dem Heu
Um und um singt's, um und um klingt's,
Man sieht ja kein Lichtlein, so um und um brinnts.

Das Kindlein das zittert vor Kälte und Frost.
Ich dacht mir: i wer hats denn also vestoßt,
dass man auch heut, dass man auch heut
Ihm sonst keine andere Herberg anbeut?

So gehet und nehmet ein Lämmlein vom Gras
Und bringet dem schönen Christkindlein etwas.
Geht nur fein sacht! Geht nur fein sacht,
Auf dass ihr dem Kindlein kein Unruh nicht macht!

Altes Weihnachtslied aus Schlesien

75. Wenn Weihnachten ist

|:Wenn Weihnachten ist,:|
Dann kommt zu uns der Heilige Christ.
Der zündet uns dann,
Ein Lichterbaum an
Und hänget Äpfel, Nüss und Pfefferkuchen dran.
|:Dann kriegen wir 'ne Muh,
Dann kriegen wir er 'ne Mäh,
Und dann kriegen wir die
allerschönsteTäterätätä.:|

|:Wenn Weihnachten ist,:|
Dann kommt zu uns der heilige Christ.
Der zündet uns dann,
Ein Lichterbaum an
Und hänget Äpfel, Nüss und Pfefferkuchen dran.
|:Und dann kriegen wir tamtam,
Und dann kriegen wir tamtam,
Und dann kriegen wir die allerschönste
Ratatatatam.:|

|:Ist Weihnacht vorbei,:|
Dann gibt's bei uns ein schrecklich Geschrei.
Kaputt ist die Muh, kaputt ist die Mäh,
Kaputt ist die schöne Täterätätä.
|:Und jetzt ha'm wir keine Muh
und jetzt ha'm wir keine Mäh
Und jetzt ha'm wir keine wunderschöne
Täterätätä.:|

Text: R.Heck, G.Koethe / Melodie: trad.

76. Wer klopfet an

Wer klopfet an? - O zwei gar arme Leut!
Was wollt ihr dann? - O gebt uns Herberg heut
O, durch Gottes Lieb wir bitten
öffnet uns doch eure Hütten
O nein, nein, nein! - O lasset uns doch ein!
Es kann nicht sein - Wir wollen dankbar sein!"
Nein, nein, nein, es kann nicht sein.
Da geht nur fort, ihr kommt nicht rein.

Wer vor der Tür? - Ein Weib mit ihrem Mann.
Was wollt ihr denn? - Hört unser Bitten an!
Lasset heut bei Euch uns wohnen
Gott wird Euch schon alles lohnen!
Was zahlt ihr mir? - Kein Geld besitzen wir!
Dann geht von hier! - O öffnet uns die Tür!
Ei, macht mir kein Ungestüm,
Da packt euch, geht woanders hin!

Wer da noch heut? O Lieber, komm heraus!
Sind´s Bettelleut? O öffnet uns das Haus!
Freunde, habt mit uns Erbarmen
einen Winkel gönnt uns Armen!
Da ist nichts leer! So weit gehn wir heut her!
Ich kann nicht mehr! O lieber Gott und Herr!
Ei, die Bettelsprach führt ihr
ich kenn sie schon, geht nur von hier!

Was weinet ihr? - Vor Kält erstarren wir.
Wer kann dafür? - O gebt uns doch Quartier!
Überall sind wir verstoßen,
jedes Tor ist uns verschlossen!
So bleibt halt drauß! - O öffnet uns das Haus!
Da wird nichts draus. - Zeigt uns ein andres Haus.
Dort geht hin zur nächsten Tür!
Ich hab nicht Platz, geht nur von hier!

Ihr kommt zu spät! So heißt es überall!
Da geht nur, gehtl - O Freund, nur heut einmal!
Morgen wird der Heiland kommen,
dieser liebt und lohnt die Frommen.
Liegt mir nichts dran! - Seht unser Elend an.
Geht mich nichts an! - Habt Mitleid, lieber Mann.
Schweigt mir gleich, lasst mich in Ruh,
jetzt geht, ich schließ die Tür schon zu.

Da geht nur fort! - O Freund, wohin? Wo aus?
Ein Viehstall dort! - Geh, Joseph, nur hinaus!
O mein Kind, nach Gottes Willen
Mußt du schon die Armut fühlen.
Jetzt packt euch fort! - O, dies sind harte Wort'!
Zum Viehstall dort! - O, wohl ein schlechter Ort!
Ei, der Ort ist gut für euch;
Ihr braucht nicht viel. Da geht nur gleich!

Komm Sünder her! Jetzt Sünder hör mich an
Ja komm nur her. Und hör was du getan
Du hast Jesum so verstoßen,
hast ihm jede Tür verschlossen
O Sünder wein! o sieh dein Jesulein
muss jetzt o Pein! Im kalten Stalle sein
O wie grausam ist die Sünd
die so verstößt das beste Kind

Volkslied aus Tirol und Salzburg, 19. JH

77. Wie schön leuchtet der Morgenstern

Wie schön leuchtet der Morgenstern
voll Gnad und Wahrheit von dem Herrn,
die süße Wurzel Jesse.
Du Sohn Davids aus Jakobs Stamm,
mein König und mein Bräutigam,
hast mir mein Herz besessen;
lieblich, freundlich, schön und herrlich,
groß und ehrlich, reich an Gaben,
hoch und sehr prächtig erhaben.

Ei meine Perl, du werte Kron,
wahr' Gottes und Marien Sohn,
ein hochgeborner König!
Mein Herz heißt dich ein Himmelsblum;
dein süßes Evangelium ist lauter Milch und Honig.
Ei mein Blümlein, Hosianna! Himmlisch Manna,
das wir essen, deiner kann ich nicht vergessen.

Gieß sehr tief in das Herz hinein,
du leuchtend Kleinod, edler Stein,
mir deiner Liebe Flamme,
daß ich, o Herr, ein Gliedmaß bleib
an deinem auserwählten Leib,
ein Zweig an deinem Stamme.
Nach dir wallt mir mein Gemüte, ewge Güte,
bis es findet dich, des Liebe mich entzündet.

Von Gott kommt mir ein Freudenschein,
wenn du mich mit den Augen dein
gar freundlich tust anblicken.
Herr Jesu, du mein trautes Gut,
dein Wort, dein Geist, dein Leib und Blut
mich innerlich erquicken.
Nimm mich freundlich in dein Arme
und erbarme dich in Gnaden;
auf dein Wort komm ich geladen.

T. / M.: Philipp Nicolai 1597

78. Wie soll ich dich empfangen

Wie soll ich dich empfangen
und wie begegn' ich dir?
O aller Welt Verlangen,
O meiner Seelen Zier!
O Jesu, Jesu, setze
mir selbst die Fackel bei,
Damit, was dich ergötze,
mir kund und wissend sei.

Dein Zion streut dir Palmen
und grüne Zweige hin,
Und ich will dir in Psalmen
ermuntern meinen Sinn.
Mein Herze soll dir grünen
in stetem Lob und Preis
Und deinem Namen dienen,
so gut es kann und weiß

Ich lag in schweren Banden,
Du kommst und machst mich los;
Ich stund in Spott und Schanden,
Du kommst und machst mich groß
Und hebst mich hoch zu Ehren
Und schenkst mir großes Gut,
Das sich nicht lässt verzehren,
Wie irdisch Reichtum tut.

Auch dürft ihr nicht erschrecken
vor eurer Sündenschuld.
Nein, Jesus will sie decken
mit seiner Lieb und Huld.
Er kommt, er kommt den Sündern
zum Trost und wahren Heil,
Schafft, dass bei Gottes Kindern
verbleib ihr Erb und Teil.

Text: Paul Gerhard 16.JH / Musik: Johann Crüger 16.JH

79. Wir sagen euch an den lieben Advent

Wir sagen euch an den lieben Advent.
Sehet die erste Kerze brennt!
Wir sagen euch an eine heilige Zeit,
Machet dem Herrn den Weg bereit!.
|: Freut euch ihr Christen, Freuet euch sehr!
Schon ist nahe der Herr.:|

Wir sagen euch an den lieben Advent.
Sehet die zweite Kerze brennt!
So nehmet euch eins um das andere an,
Wie euch der Herr an uns getan.
|: Freut euch ihr Christen, Freuet euch sehr!
Schon ist nahe der Herr.:|

Wir sagen euch an den lieben Advent.
Sehet die dritte Kerze brennt!
Nun trag eurer Güte hellen Schein
Weit in die dunkle Welt hinein.
|: Freut euch ihr Christen, Freuet euch sehr!
Schon ist nahe der Herr.:|

Wir sagen euch an den lieben Advent.
Sehet die vierte Kerze brennt.
Gott selber wird kommen. Er zögert nicht.
Auf, auf ihr Herzen und werdet licht!
|: Freut euch ihr Christen, Freuet euch sehr!
Schon ist nahe der Herr.:|

T.: Maria Ferschl / M.: Richard R. Klein

80. Wist ihr noch, wie es geschehen

Wisst ihr noch, wie es geschehen?
Immer werden wir's erzählen:
wie wir einst den Stern gesehen
|: mitten in der dunklen Nacht. :|

Stille war es um die Herde.
Und auf einmal war ein Leuchten
und ein Singen ob der Erde,
|: daß das Kind geboren sei. :|

Eilte jeder, dass er's sähe
arm in einer Krippe liegen.
Und wir fühlten Gottes Nähe.
|: Und wir beteten es an. :|

Könige aus Morgenlanden
kamen reich und hoch geritten,
dass sie auch das Kindlein fanden.
|: Und sie beteten es an. :|

Und es sang aus Himmelshallen:
Ehr sei Gott! Auf Erden Frieden!
Allen Menschen Wohlgefallen,
|: Welche guten Willens sind! :|

Immer werden wir's erzählen,
wie das Wunder einst geschehen
und wie wir den Stern gesehen
|: mitten in der dunklen Nacht. :|

T.: Hermann Claudius / M.: Christian Lahusen 1939

81. Zu Bethlehem geboren

Zu Bethlehem geboren
ist uns ein Kindelein,
dies hab ich auserkoren,
Sein eigen will ich sein.
Eija, eija, sein eigen will ich sein.

In seine Lieb versenken
will ich mich ganz hinab;
mein Herz will ich ihm schenken
und alles, was ich hab!
Eija, eija, und alles, was ich hab!

O Kindelein von Herzen,
dich will ich lieben sehr,
in Freuden und in Schmerzen,
je länger mehr und mehr.
Eija, eija, je länger mehr und mehr.

Dazu dein Gnad mir gebe,
bitt' ich aus Herzensgrund,
dass ich allein dir lebe,
jetzt und zu aller Stund'!
Eija, eija, jetzt und zu aller Stund'!

Dich, wahren Gott, ich finde
in meinem Fleisch und Blut,
darum ich denn mich binde
an dich, mein höchstes Gut.
Eija, eija, an dich, mein höchstes Gut.

Lass mich von dir nicht scheiden,
knüpf zu, knüpf zu das Band
der Liebe zwischen beiden,
nimm hin mein Herz zum Pfand.
Eija, eija, nimm hin mein Herz zum Pfand.

Text: Friedrich Spee von Langenfeld

82. Away in a manger

Away in a manger,
no crib for a bed,
The little Lord Jesus
laid down His sweet head.
The stars in the bright sky
looked down where He lay,
The little Lord Jesus,
asleep on the hay.

The cattle are lowing,
the Baby awakes,
But little Lord Jesus,
no crying He makes;
I love Thee, Lord Jesus,
look down from the sky
And stay by my side
until morning is nigh.

Be near me, Lord Jesus,
I ask Thee to stay
Close by me forever,
and love me, I pray;
Bless all the dear children
in Thy tender care,
And fit us for Heaven
to live with Thee there.

Englischsprachiges Weihnachtslied 19.JH

83. Caroling caroling

Caroling, caroling, now we go
Christmas bells are ringing
Caroling, caroling thru the snow
Christmas bells are ringing
Joyous voices sweet and clear
Sing the sad of heart to cheer
Ding dong, ding dong
Christmas bells are ringing

Caroling, caroling thru the town
Christmas bells are ringing
Caroling, caroling up and down
Christmas bells are ringin
Mark ye well the song we sing
Gladsome tidings now we bring
Ding dong, ding dong
Christmas bells are ringing!

Caroling, caroling, near and far
Christmas bells are ringing
Following, following yonder star
Christmas bells are ringing
Sing we all this happy orn
"Lo, the King of heav'n is born!"
Ding dong, ding dong
Christmas bells are ringing

84. Go, tell it on the mountain

Go tell it on the mountain
over the hills and everywhere
Go tell it on the mountain
that Jesus Chris is a born

When I was a seeker
I sought both night and day
I asked my Lord to help me
and he taught me to pray

Go tell it on the mountain ...

When I was a sinner
I prayed both night an day
I asked the Lord to help me
and he showed me the way

Go tell it on the mountain ...

He made me a watchman
upon the city wall
And if I am a Christian
I am the least of all

Go tell it on the mountain ...

85. Hark the herald angels sing

Hark! the herald angels sing:
"Glory to the newborn King
Peace on earth and mercy mild,
God and sinners reconciled!"
Joyful, all ye nations rise
join the triumph of the skies;
With angelic host proclaim:
"Christ is born in Bethlehem!"
Hark! the herald angels sing:
"Glory to the newborn King!"

Christ, by highest heaven adored;
Christ the everlasting Lord;
Late in time behold Him come,
Offspring of the favored one.
Veiled in flesh, the Godhead see;
Hail the incarnate Deity
Pleased as man with men to dwell,
Jesus, our Emmanuel
Hark! the herald angels sing,
"Glory to the newborn King"

Hail! the heaven-born Prince of Peace!
Hail! the Son of Righteousness!
Light and life to all He brings,
Risen with healing in His wings.
Mild He lays His glory by,
Born that man no more may die;
Born to raise the sons of earth,
Born to give them second birth
Hark! the herald angels sing,
"Glory to the newborn King"

Text / Musik Charles Wesley 1732

86. Have yourself a merry little christmas

Have yourself a merry little Christmas
Let your heart be light
From now on,
our troubles will be out of sight

Have yourself a merry little Christmas
Make the yuletide gay
From now on,
our troubles will be miles away

Here we are as in olden days
Happy golden days of yore
Faithful friends who are dear to us
Gather near to us once more

Through the years
we all will be together
If the fates allow
Hang a shining star
upon the highest bough

And have yourself
a merry little Christmas now

Text / Musik: Hugh Martin und Ralph Blane 1943

87. It came upon a midnight clear

It came upon the midnight clear,
that glorious song of old
From angels bending near the earth
to touch their harps of gold
Peace on the earth, goodwill to men,
from heaven's all gracious king
The world in solemn stillness lay to hear the angels sing

Still through the cloven skies they come
with peaceful wings unfurl
And still their heavenly music floats,
O'er all the weary world.
Above its sad and lowly plains
they bend on hovering wing
And ever o'er its Babel sounds the blessed angels sing

O ye, beneath life's crushing load,
whose forms are bending low
Who toil along the climbing way
with painful steps and slow
Look now for glad and golden hours
come swiftly on the wing
O rest beside the weary road and hear the angels sing

For lo the days are hastening on,
by prophets seen of old
When with the ever circling years
shall come the time foretold
When the new heaven and earth
shall own the prince of peace their King
And the whole world send back the song
which now the angels sing.

Text / Musik: Edmund Sears 1849

88. Jingle bells

Dashing through the snow
in a one-horse open sleigh,
over the fields we go,
laughing all the way.
Bells on bobtail ring,
making spirits bright
what fun it is to ride
and sing a sleighing song tonight.
|:Jingle bells! Jingle, bells! Jingle all the way!
O what fun it is to ride in a one-horse open sleigh!:|

A day or two ago
I thought I'd take a ride,
and soon Miss Fannie Bright
was seated by my side.
The horse was lean and lank,
misfortune seemed his lot,
he got into a drifted bank
and we, we got upsot.
|: Jingle bells! Jingle, bells! Jingle all the way!
O what fun it is to ride in a one-horse open sleigh.:|

Now the ground is white,
go it while you're young,
Take the girls tonight
and sing this sleighing song.
Just get a bobtailed bay,
two-forty for his speed,
Then hitch him to an open sleigh,
and crack! You'll take the lead.
|: Jingle, bells! Jingle, bells! Jingle all the way!
O what fun it is to ride in a one-horse open sleigh.:|

Text / Musik: James Lord Pierpont 1850

89. Joy to the world

Joy to the world, the Lord is come!
Let earth receive her King;
Let every heart prepare Him room,
And heaven and nature sing,
And heaven and nature sing,
And heaven, and heaven, and nature sing.

Joy to the earth, the Savior reigns!
Let men their songs employ;
While fields and floods, rocks, hills and plains
Repeat the sounding joy,
Repeat the sounding joy,
Repeat, repeat, the sounding joy.

No more let sins and sorrows grow,
Nor thorns infest the ground;
He comes to make His blessings flow
Far as the curse is found,
Far as the curse is found,
Far as, far as, the curse is found.

He rules the world with truth and grace,
And makes the nations prove
The glories of His righteousness,
And wonders of His love,
And wonders of His love,
And wonders, wonders, of His love.

Text: Isaac Watts 1719 / Musik: Lowell Mason 1836

90. Little drummer boy

Come they told me pa rum pum pum pum
A new born King is here, pa rum pum pum pum
Our finest gifts we bring pa rum pum pum pum
To lay before our King pa rum pum pum pum
rum pum pum pum, rum pum pum pum

So to honor him pa rum pum pum pum
When we come

Little Baby pa rum pum pum pum
I am a poor boy too,pa rum pum pum pum
I have no gift to bring pa rum pum pum pum
That's good to give our King pa rum pum pum pum
rum pum pum pum, rum pum pum pum

Shall I play for you, pa rum pum pum pum
Only my drums

Mary tapped her feet pa rum pum pum pum
The ox and lamb kept time pa rum pum pum pum
I played my drum for Him pa rum pum pum pum
I played my best for Him pa rum pum pum pum
rum pum pum pum, rum pum pum pum

Than he smiled at me, pa rum pum pum pum
me and my drums.

Text / Musik: Katherine K. Davis, Henry Onorati, Harry Simeone 1941

91. Mary's boy child

Mary's boy child, Jesus Christ,
Was born on Christmas Day.
And man will live for evermore,
Because of Christmas Day.

Long time ago in Bethlehem,
So the Holy Bible say,
Mary's boy child, Jesus Christ,
was born on Christmas day

Hark now hear the angels sing,
A new King born today,
And man will live for evermore,
Because of Christmas Day,

Trumpets sound and angels sing,
Listen to what they say,
That man will live for evermore,
Because of Christmas Day.

While shepherds watched their flocks by night,
Them see a bright new shining star,
They hear a choir sing a song,
The music seemed to come from afar.

Now Joseph and his wife Mary,
Come to Bethlehem that night,
Them find no place to born sweet child,
Not a single room was in sight.

By and by they find a little nook,
In a stable all forlorn,
And in a Manger cold and dark,
Mary's little Boy was born.

Long time ago in Bethlehem,
So the Holy Bible say,
Mary's boy child, Jesus Christ,
Was born on Christmas Day.

Text / Musik : Jester Hairston

92. O holy night

O holy night! The stars are brightly shining,
It is the night of our dear Saviour's birth.
Long lay the world in sin and error pining,
'Til He appear'd and the soul felt its worth.
A thrill of hope the weary world rejoices,
For yonder breaks a new and glorious morn.

Fall on your knees! O hea the angel voices!
O night divine, O night when Christ was born;
O night divine, O night, O night Divine.

Led by the light of Faith serenely beaming,
With glowing hearts by His cradle we stand.
So led by light of a star sweetly gleaming,
Here come the wise men from Orient land.
The King of Kings lay thus in lowly manger;
In all our trials born to be our friend.

He knows our need, our weakness is no stranger,
Behold your King! Before Him lowly bend!
Behold your King, Before Him lowly bend!

Truly He taught us to love one another;
His law is love and His gospel is peace.
Chains shall He break for the slave is our brother;
And in His name all oppression shall cease.
Sweet hymns of joy in grateful chorus raise we,
Let all within us praise His holy name.

Christ is the Lord! O praise His Name forever,
His power and glory evermore proclaim.
His power and glory evermore proclaim.

Text: John Sullivan Dwight 1855 / Musik: Adolphe Adam 1847

93. O little town of Bethlehem

O little town of Bethlehem,
how still we see thee lie!
Above thy deep and dreamless sleep
The silent stars go by.
Yet in thy dark streets shineth The everlasting Light;
The hopes and fears of all the years Are met in thee to-night.

O morning stars, together Proclaim the holy birth!
And praises sing to God the King,
And peace to men on earth.
For Christ is born of Mary And gathered all above,
While mortals sleep the Angels keep Their watch of
wondering love.

How silently, how silently, The wondrous gift is given;
So God imparts to human hearts
The blessings of His Heaven.
No ear may hear His coming, But in this world of sin,
Where meek souls will receive Him still,
The dear Christ enters in.

Where children pure and happy Pray to the blessed Child,
Where misery cries out to Thee Son of the Mother mild;
Where Charity stands watching
And Faith holds wide the door,
The dark night wakes, the glory breaks, And Christmas
comes once more.

O holy Child of Bethlehem, Descend to us, we pray!
Cast out our sin and enter in, Be born in us to-day.
We hear the Christmas angels, The great glad tidings tell;
O come to us, abide with us, Our Lord Emmanuel!

Text: Bishop P. Brooks 1868/ Musik: Lewis Henry Redner 1868

94. Rudolph, the rednosed reindeer

You know Dasher and Dancer,
and Prancer and Vixen,
Comet and Cupid, and Donner and Blitzen,
But do you recall
The most famous reindeer of all?

Rudolph, the red-nosed reindeer
had a very shiny nose.
And if you ever saw him,
you would even say it glows.

All of the other reindeer
used to laugh and call him names.
They never let poor Rudolph
play in any reindeer games.

Then one foggy Christmas eve
Santa came to say:
"Rudolph with your nose so bright,
won't you guide my sleigh tonight?"

Then all the reindeer loved him
as they shouted out with glee,
Rudolph the red-nosed reindeer,
you'll go down in history!

Text: Robert May 1939 / Musik: Johnny Marks 1939

95. The christmas song

Chestnuts roasting on an open fire
Jack Frost nipping at your nose
Yuletide carols being sung by a choir
And folks dressed up like Eskimos

Everybody knows a turkey and some mistletoe
Help to make the season bright
Tiny tots with their eyes all aglow
Will find it hard to sleep tonight

They know that Santa's on his way
He's loaded lots of toys and goodies on his sleigh
And every mother's child is gonna spy
To see if reindeer really know how to fly

And so I'm offering this simple phrase
To kids from one to ninety-two
Although it's been said many times
Many ways, Merry Christmas to you

And so I'm offering this simple phrase
To kids from one to ninety-two
Although it's been said many times
Many ways, Merry Christmas to you

96. The first noel

The first Nowell the angel did say
was to certain poor shepherds in fields as they lay;
in fields as they lay, keeping their sheep,
on a cold winter's night that was so deep.
Nowell, Nowell, Nowell, Nowell,
born is the King of Israel.

They looked up and saw a star
shining in the east beyond them far,
and to the earth it gave great light,
and so it continued both day and night. Nowell, Nowell ...

And by the light of that same star
three wise men came from country far;
to seek for a king was their intent,
and to follow the star wherever it went. Nowell, Nowell ...

This star drew nigh to the northwest,
o'er Bethlehem it took its rest,
and there it did both stop and stay
right over the place where Jesus lay. Nowell, Nowell ...

Then entered in those wise men three
full reverently upon their knee,
and offered there in his presence
their gold, and myrrh, and frankincense. Nowell,Nowell...

Then let us all with one accord
sing praises to our heavenly Lord;
that hath made heaven and earth of nought,
and with his blood mankind hath bought. Nowell,Nowell...

Text / Musik: trad. England 17. JH

97. We wish you a merry christmas

We wish you a Merry Christmas (x3)
and a Happy New Year.

Good tidings we bring
to you and your kin
We wish you a Merry Christmas
and a Happy New Year.

Now bring us some figgy pudding (x3)
and bring some out here.

Good tidings we bring ...

For we all like figgy pudding (x3)
so bring some out here.

Good tidings we bring ...

And we won't go 'til we've got some (x3)
so bring some out here.

Good tidings we bring ...

It's a season for music (x3)
and a time of good Cheer.

Good tidings we bring ...

Text /Musik: trad. England 16. JH

98. What child is this

What child is this who laid to rest,
on Mary's lap is sleeping?
Whom angels greet with anthems sweet,
while shepherds watch are keeping?
This, this is Christ the King,
whom shepherds guard and angels sing;
haste, haste to bring him laud,
the babe, the son of Mary.

Why lies he in such mean estate
where ox and ass are feeding?
Good Christians, fear, for sinners here
the silent Word is pleading.
This, this is Christ the King ...

So bring him incense, gold, and myrrh,
come, peasant, king, to own him;
the King of kings salvation brings,
let loving hearts enthrone him.
This, this is Christ the King ...

Text: William C. Dix / Musik: Greensleves, GB, 16.JH

99. White Christmas

I'm dreaming of a white Christmas
Just like the ones I used to know
Where the treetops glisten and children listen
To hear sleighbells in the snow

I'm dreaming of a white Christmas
With every Christmas card I write
May your days be merry and bright
And may all your Christmases be white

I'm dreaming of a white Christmas
With every Christmas card I write
May your days be merry and bright
And may all your Christmases be white

Text / Musik: Irvin berlin 1947

100. Winter wonderland

Sleigh bells ring, are you listening,
In the lane, snow is glistening
A beautiful sight,
We're happy tonight,
Walking in a winter wonderland.

Gone away is the bluebird,
Here to stay is a new bird
He sings a love song,
As we go along,
Walking in a winter wonderland.

In the meadow we can build a snowman,
Then pretend that he is Parson Brown
He'll say: Are you married?
We'll say: No man,
But you can do the job
When you're in town.

Later on, we'll conspire,
As we dream by the fire
To face unafraid,
The plans that we've made,
Walking in a winter wonderland

Text: Richard B. Smith 1934 / Musik: Felix Bernard 1934

Von demselben Autor sind bei BOD bereits erschienen:

Kinderlieder

ISBN 978-3-7322-3024-2, 108 S.
Weber, Frank (Hrsg.)
100 Kinderlieder, altbekannt und immer wieder gern gesungen

Liederbuch (Deutsche Volkslieder)

ISBN 978-3-8423-6702-9, 312 S.
Weber, Frank (Hrsg.)
300 Volkslieder aus 8 Jahrhunderten und aller Herren Länder

Tausenderlei über die Freiheit

ISBN 978-3-7322-9721-4, 140 S-9721-4, 140 S.
Weber, Frank (Hrsg.)
Mehr als 1000 Zitate, Bonmots und Aphorismen über die Freiheit

Tausenderlei über das Glück

ISBN 978-3-7322-5525-2, 160 S.
Weber, Frank (Hrsg.)
Mehr als 1000 Zitate, Bonmots und Aphorismen über das Glück

Tausenderlei über die Liebe

ISBN 978-3-8423-7474-4, 140 S.
Weber, Frank (Hrsg.)
Mehr als 1000 Zitate, Bonmots und Aphorismen zum Thema Nr. Eins

Weihnachtslieder

ISBN 978-3-7322-3375-5, 108 S.
Weber, Frank (Hrsg.)
100 Weihnachtslieder aus der Heimat und der ganzen Welt
